Gaozhi Yuanxiao Zhuanye Jianshe de Zhiliang Baozheng Tixi Jianshe Yanjiu

高职院校专业建设的质量保证体系建设研究

隋冰 ◎ 著

东北财经大学出版社
Dongbei University of Finance & Economics Press
大连

图书在版编目（CIP）数据

高职院校专业建设的质量保证体系建设研究 / 隋冰著. —大连：东北财经大学出版社，2022.3
ISBN 978-7-5654-4496-8

Ⅰ. 高… Ⅱ. 隋… Ⅲ. 高等职业教育-教学管理-研究 Ⅳ. G718.5

中国版本图书馆CIP数据核字（2022）第049534号

东北财经大学出版社出版发行
大连市黑石礁尖山街217号 邮政编码 116025
网 址：http：//www.dufep.cn
读者信箱：dufep @ dufe.edu.cn
大连永盛印业有限公司印刷

幅面尺寸：170mm×240mm 字数：123千字 印张：10.5 插页：1
2022年3月第1版 2022年3月第1次印刷
责任编辑：王天华 责任校对：恬 华
封面设计：冀贵收 版式设计：原 皓
定价：38.00元

教学支持 售后服务 联系电话：（0411）84710309
版权所有 侵权必究 举报电话：（0411）84710523
如有印装质量问题，请联系营销部：（0411）84710711

前 言

隋 冰

党的十九大报告明确指出，我国经济已由高速增长阶段转向高质量发展阶段，正处在转变发展方式、优化经济结构、转换增长动力的攻关期。必须坚持质量第一、效益优先，以供给侧结构性改革为主线，推动经济发展质量变革、效率变革、动力变革，不断增强我国经济创新力和竞争力。高质量的经济发展必然需要高质量的人力资源支撑，这对我国职业教育提出了新的要求。

职业教育在全面贯彻党的教育方针、落实立德树人根本任务、培养德智体美全面发展的社会主义建设者和接班人的过程中，提升人才培养质量是内在要求。《国务院关于印发国家职业教育改革实施方案的通知》（国发〔2019〕4号）明确提出，加强职业教育办学质量督导评价，建立健全职业教育质量评价和督导评估制度，完善政府、行业、企业、职业院校等共同参与的质量评价机制，积极支持第三方机构开展评估，建立职业教育定期督导评估和专项督导评估制度。这是在教育领域深入推进管办评分离、提升职业教育质量的具体落地举措。

为了提升教育质量，在建立和完善管办评分离等规范教育权力制度设计的同时，对院校自身提出明确要求。教育部印发的《教育部办公厅关于建立职业院校教学工作诊断与改进制度的通知》（教职成厅〔2015〕2号）和《关于印发〈高等职业院校内部质量保证体系诊断与改进指导方案（试行）〉启动相关工作的通知》（教职成司函〔2015〕168号）等文件的颁布与实施，构建了职业院校内部诊断与改进制度，进一步完善内部质量保证制度体系和运行机制，强化职业院校的主体责任。诊断与改进评价包括学生、教师、学校、专业和课程5个主体，涵盖了决策指挥、质量生成、资源建设、支持服务和监督控制5个系统，将教学评价、教学监督、信息反馈协调统一起来，构建了多渠道、全方位、全过程的内部教学质量评价体系，依据常态化诊断与改进机制，根据诊断结果，有针对性地进行改进，并在学校、专业、课程、教师和学生5个层面逐级传导压力，形成广泛的质量共识。

诊断与改进工作，从最初9个省27所高职院校的试点实施，到全国范围的普及推广，已经取得了显著成效。实施院校基本建立了发展规划体系，各机构职责明确，建立了岗位工作标准和机制。学校发展目标有效传递至专业、课程、教师层面，目标具体、可检测。本书在全面梳理诊断与改进工作的基础上，充分借鉴国外先进发达国家教学质量评价体系，以浙江金融职业学院金融服务与管理专业建设为例，重点针对专业和课程层面诊断与改进制度的建立，以及建设内容诊断与改进的指标设计等进行阐述。

本书共有6章，主要内容包括高质量是新时代提出的要求、管办评分离后高职教育管理的新方法、高职院校教学工作的诊断与改进、国外高等院校质量保证体系建设、高职院校专业质量保证体系建设的完善，以及高职院校课程质量保证体系建设的完善。

职业院校教学工作诊断与改进是一项持续性的工作，也是一项常态化的工作，会随着职业教育政策的改变和院校、专业培养目标的改变而发生变化。虽然在写作过程中尽了最大努力，但是由于本人水平有限，加之职业教育的快速变化，以及专业对应产业的变化，有些内容并不一定能够完全在日常专业建设中得到很好实施和落地，在此深表歉意。也希望读者能够在阅读中对发现的问题予以反馈，并提供好的改进意见和建议。

在此深表感谢！

目 录

专业是高职院校人才培养的载体，也是高职院校开展科学研究、社会服务、国际交流等职能的依托，实施专业和课程诊断与改进是提高专业教学质量、提升专业建设和人才培养水平的核心。为促进学校专业内涵建设，强化专业建设的质量管理，形成自我发展与自我改进机制，高职院校需要建立完善的专业考核评价体系。通过评价体系对专业建设与发展进行诊断与改进，促进专业建设和发展，实现提高人才培养质量的目标，同时为学校整体教学工作诊断与改进提供依据。

第一章

高质量是新时代提出的要求

党的十九大报告强调，在继续推动发展的基础上，着力解决好发展不平衡不充分问题，大力提升发展质量和效益。目前，我国经济已由高速增长阶段转向高质量发展阶段，正处在转变发展方式、优化经济结构、转换增长动力的攻关期，建设现代化经济体系是跨越关口的迫切要求和我国发展的战略目标。社会发展必须坚持质量第一、效益优先，以供给侧结构性改革为主线，推动经济发展质量变革、效率变革、动力变革，提高全要素生产率，着力加快建设实体经济、科技创新、现代金融、人力资源协同发展的产业体系，着力构建市场机制有效、微观主体有活力、宏观调控有度的经济体制，不断增强我国经济创新力和竞争力。经济的高质量发展，需要高质量的人力资源作为支撑，职业教育培养的技术技能人才的质量也有待进一步提高。

第一节　新时代经济强调高质量发展

中国发展进入了新时代，社会经济发展基本特征就是由高速增长阶段转向高质量发展阶段。不注重高质量，一味地追求高速度，是不符合新时代基本要求的，这就是阶段性环境变化带来的目标变化。

一、高质量发展是保持经济持续健康发展的必然要求

不追求质量和效益，经济增长带来的积极作用会越来越弱，世界上有些国家没有把握住阶段性变化，没有把经济高质量增长、高效益增长作为发展新目标，没有采取相应的政策措施，也没有进行改革发展战略和目标的调整，因此经济发展停滞，甚至遭到破坏。所以，要保持经济持续健康发展，就必须追求和促进高质量发展。

二、高质量发展是我国社会主要矛盾变化和发展的必然要求

党的十九大报告指出，我国社会主要矛盾已经转化为人民日益增长的美好生活需要和不平衡不充分的发展之间的矛盾。我们在追求经济发展量的变化的同时，必须追求经济发展质的变化。改革开放以来，我国社会主要矛盾是人民日益增长的物质文化需要同落后的社会生产之间的矛盾，主要表现在社会生产力水平不高，物资供应不足。现阶段随着生产力的提高，供给侧物资供应数量日益充分，社会主要矛盾也发生了变化，只有高质量发展才能满足人民日益增长的美好生活需要。如何提供更有质量的供给是当务之急，这是随着我国社会主要矛盾变化发生的必然要求，也是全面建成小康社会、建

成富强民主文明和谐美丽的社会主义现代化强国的必然要求。

三、高质量发展是经济发展内在的必然要求

任何事物发展的过程都是从低级到高级的过程，早期不追求质的发展，只重视量的增长速度，但是到了更高阶段发展的时候，都会追求高质量增长。经济发展也不例外，经过前面的积累和发展，我国已经成为世界第二大经济体，经济发展必须要高质量增长，应该是未来发展的常态。形成高质量发展的模式、经济不断改进升级、最后达到现代化的水平是经济发展内在的必然要求。

第二节　深化经济改革的目标是提高质量

一、新时代改革与发展的主线

（一）加强供给侧结构性改革

要保持中国经济持续稳定健康发展，就必须培育新动能，克服发展中的体制机制障碍，提高供给质量，提高全要素生产率。中央经济工作会议提出“加强供给侧结构性改革”，后来明确提出“以深化供给侧结构性改革为主线”。现在进入全面深化改革的时期，以深化供给侧结构性改革为重点、主线和主要抓手，就是要培育新动能，解决体制机制的矛盾。

推进供给侧结构性改革是我国经济发展进入新常态的必然选择，是经济发展新常态下我国宏观经济管理必须确立的战略思路。必须把改善供给侧结构作为主攻方向，从人力资源供给端入手，促进生产改革，提高供给

质量和效率，扩大有效和中高端供给，增强供给侧结构对需求变化的适应性，推动我国经济朝着更高质量、更有效率、更加公平、更可持续的方向发展。

（二）推动产业结构调整

过去，经济发展追求的是高速增长的动能，全要素生产率并不强，主要靠要素投入和投资。到了新时代、新阶段，我们要有新的动能。党的十九大报告提出三大变革，其中动力变革就是培育新动能，以促进产业结构调整、培育新动能为主线。同时，限制发展效率和发展质量的一个重要问题，就是有很多短板没有补上，如区域发展、城乡发展、生态发展和民生发展等。只有补短板，才能提高发展的整体性，提高发展的效益和质量。

二、高质量发展关键点

供给侧结构性改革是一场关系全局、关系长远的攻坚战，需要在已有工作和成效的基础上，在目标、任务、方式、政策、路径和举措等方面深化落实，建立指标、政策和制度，不断推进各项举措的实质性进展，推进供给侧结构性改革。

（一）构建完善的指标体系

为了推动高质量发展，首先要做的就是确立指标体系和标准体系。要坚持稳中求进工作总基调，“进”是结构优化、体制创新，而结构优化的内涵很丰富，第三产业的比重不断提高，高科技、新经济发展占比不断上升，微观企业、宏观经济创造的效益明显提高，这些都是质量、效益提高的指标。衡量高质量发展指标体系，要从结构指标、全要素生产率的综合效益指标来设计。要提高全要素生产率，着力加快建设实体经济、科技创新、现代金融、人力资源协同发展的产业体系，其中人力资源协同发展是提高全要素生产率的关键。

（二）建立有效的统计体系

衡量高质量发展，需要建立有效的统计体系。以前衡量经济增长是以速度、GDP为主要指标，现在的统计体系要发生改变。在统计体系中，有些可以通过直接指标看到质量是否提高了，有些则需要通过估算、测算。对不能通过直接指标统计的，可以从能够反映质量和效益的指标来衡量经济的增长，如企业的盈利能力、稳定增长的情况、单位GDP的产出、单位GDP的耗能、教育投入和教育情况等。相关统计体系也会向高质量发展倾斜。此外，在统计体系中还应该重视就业，就业属于质量指标。完善统计体系，以此来衡量高质量发展，这也是未来要做的事情。

（三）健全相关的配套政策

要推动高质量发展，需要配套政策支撑，应注重政策引导，加强人力资源供给侧结构性改革，以政策带动创业和就业、推动科学技术进步、节约国家公共资源。根据高质量发展指标和目标要求来评估各项政策。

在建立配套政策的同时，要加强相关的绩效评价和政绩考核，对各项政策和举措落实后产生的效益如何、各级政府和部门在各项政策和举措实施过程中是否达到了高质量发展的要求进行评价和考核。在新的发展阶段，推动高质量发展，必须要综合评估，把质量和效益作为项目、政策是否成功的主要标准。

三、促进高质量发展的具体举措

（一）积极的财政政策取向不变

中央经济工作会议提出，积极的财政政策取向不变，调整优化财政支出结构，确保对重点领域和项目的支持力度，压缩一般性支出，切实加强地方政府债务管理。财政政策是调结构的，代表国家执行国家战略，也就是说，通过财政政策推进一些重大工程的发展。财政赤字率是衡量财政政策的重要因素。

（二）稳健的货币政策要松紧适度

稳健的货币政策要松紧适度，保持合理的流动性，改善货币政策传导机制，提高直接融资比重，解决好民营企业和小微企业融资难、融资贵的问题。这是从我国的经济增长能力、防范金融风险角度考虑的。货币政策要松紧适度，是考虑经济本身的增长能力，在没有更多更大的刺激政策下，经济也要实现6%～7%的增长，特别是6.5%左右的增长。相比之下，2017年中央经济工作会议对货币政策的定调是“稳健的货币政策要保持中性，管住货币供给总闸门”等。同样都是稳健的货币政策，但从保持“中性”到“松紧适度”，且2018年再强调“保持流动性合理充裕”而非“管住货币供给总闸门”，2019年的货币政策在2018年的基础上进一步边际宽松，确保经济稳增长。

（三）政策要发挥更大作用

党中央、国务院创新宏观调控思路和方式，提出区间调控、定向调控，而定向调控就是结构性政策。明确“结构性政策要发挥更大作用”，其实反映的是结构性矛盾、体制性矛盾还非常突出。我国社会主要矛盾的转化，也反映的是结构问题。要解决发展的不平衡不充分，必须靠结构性政策。其中关键一环是加快人力资源供给侧结构性改革，与产业需求相适应，产业链和教育链有效衔接，这就是为什么在提出促进高质量发展的同时强调结构性政策要发挥更大作用。人力资源作为支撑，有助于强化实体经济吸引力和竞争力，优化存量资源配置，强化创新驱动，发挥好消费的基础性作用，促进有效投资，特别是民间投资合理增长。

（四）加大改革力度

我国经济运行主要矛盾仍然是供给侧结构性矛盾，必须坚持以供给侧结构性改革为主线不动摇，采取更多改革的办法，运用市场化、法治化手段，在“巩固、增强、提升、畅通”八个字上下功夫。要巩固“三去一降一补”成果，推动更多产能过剩行业加快出清，降低全社会各类营商成本，加大基础设施等领域补短板力度。要增强微观主体活力，发挥企业和企业家主观能动性，建立公平开放透明的市场规则和法治化营商环境，促进正向激励和优胜劣汰，发展更多优质企业。提升产业链水平，注重利用技术创新和规模效应形成新的竞争优势，培育和发展新的产业集群。加快建设统一开放、竞争有序的现代市场体系，提高金融体系服务实体经济能力，形成国内市场和生产主体、经济增长和就业扩大、金融和实体经济良性循环。可以看出，深化改革，推动现有领域的制度改革，是供给侧结构性改革的根本途径，目的就是增强微观主体的活力、韧性、创新力，从而推动经济转型升级，促进国民经济良性循环。外部经贸环境日趋严峻，形成倒逼加快改革之势，传统比较优势日渐式微，对新旧动能转换提出更高要求，国内消费升级，需要供给端质量和效率更快提升。

第三节　高质量的经济发展需要高质量的人力资源支撑

在经济发展中，人力资源是重要资源之一，随着经济的迅速发展，在对人力资源数量有所要求的同时，对人力资源质量要求进一步提高，因为高质量的人力资源在推动经济快速发展上显得日益重要。

一、人力资源是推动经济可持续发展的重要因素

国家经济的发展需要的技术、服务等专业知识或劳动主要是人提供的，经济的发展以人为基础。高质量的人力资源可以促进产业的调整及优化，推动经济发展。反过来，经济发展和产业结构也可以引导人力资源配置，好的经济发展和产业结构可以优化人力资源配置。随着竞争的加剧，行业企业对人力资源的质量要求不断提高，优秀的人力资源往往可以更快适应工作，以最快速度融入环境。高层次的人才甚至可以带领产业的发展，主导并促进产业结构的优化，从而促进经济可持续发展。

二、人力资源是推动技术进步的强大动力

经济发展受到社会上多种因素的影响，如国家在某时段针对一定的社会问题所出台的相关政策、市场经济的活跃程度、相关资源的供给等。近现代以来，影响最大的因素是科学技术的发展水平。人力资源是技术进步的发明创造者，一定程度来讲，技术进步需要以优质的人力资源为基础，人力资源是科学技术发展不可或缺的推动力量。随着生产过程中现代科学技术的不断应用、生产水平的不断提高，要求参与生产的劳动者具有更高的知识和技能水平。劳动者现有的知识和技能水平已不能满足技术进步对其要求，劳动者只有接受更多的教育、培训，不断提高自己的职业知识和技能水平，才能适应技术进步的要求，从而改变、优化既有的人力资源结构。因此，技术进步是人力资源结构形成的因素之一。

三、人力资源是协调经济发展与保护自然的重要决策者

从我国目前的状况来看，人力资源的开发对我国经济的持续增长起着不

可替代的作用。我国是人口大国，人力资源极其丰富，若能够得到有效的管理与开发，对我国经济发展的作用将是不可估量的。与人力资源的持有量相比，我国自然资源的持有量虽然说在总量上是相当可观的，但是自然资源的人均持有量很少。在当今世界，企图完全借助他国的资源来发展本国经济的想法是不切实际的，因此我们必须立足于我国资源的特点，在维护生态平衡的基础上，合理配置资源，以人力资源开发为战略基础，通过有效的人力资源管理，达到经济的可持续发展。

（一）注重提升人力资源的整体质量

中华人民共和国成立以来，我国的教育事业不断发展与进步，但是相较于发达国家，我国人才培养的教育模式仍然存在不少缺点，再加上人才的流动性，市场对人才的需求呈现多元化、高标准的趋势，传统的教育模式所输送的人力资源显然不能满足经济急速发展对各方面高素质人才的需求。因此，为了适应经济发展的需要，大力发展现代职业教育，有针对性地培养高素质、高质量、全面性的技能人才势在必行。首先，国家应当进一步加大教育经费的投入。整体上而言，这有利于国家人才素质的全面提升。其次，要注重区域教育的差异性，适当倾斜教育较为落后的地区，实现人才教育的区域平衡。占全国大多数人口的农村地区，可以加大教育帮扶，实现农村人口教育水平的提升，为市场输送人力资源。

（二）注重发挥政府的宏观调控作用

经济的良性发展除了依靠人力资源、依靠市场等，同样离不开政府的宏观调节。与自然资源和其他社会资源相同，人力资源的合理配置需要政府宏观政策的引导。政府通常是通过制定该领域的相关法律法规及讨论实施相关政策来实现对各种资源的调控。政府在市场经济发展过程中根据经济发展的具体状况合理调配各种资源。首先，可以制定相关政策来引导人才的流动；

其次，通过人力资源管理方面的法规政策来调节市场需求与人才供给之间的缺口，实现经济可持续发展与人力资源供需相协调的价值追求；最后，政府所制定的法规政策要与人才培养、人才输送机制相对接，与相关组织的工作相符合。所以，实现经济的可持续发展，政府必须认识人力资源的重要性，通过发挥积极的宏观政策调控，为市场有效地输送人力资源，达到市场需求与人才供给之间的平衡。

（三）建立健全完备的人力资源管理制度

我国在政治上采取的是一元两级多层次的行政管理体制，再加以其他各种因素的影响，区域经济发展水平参差不齐。很多人才更倾向于选择在经济发达的一线城市发展，选择在相对较为落后的二三线等城市发展相对减少。这就导致一线城市人力资源过度饱和，不仅造成大量的人力资源浪费，而且还带来一系列城市问题；相反，二三线等城市人力资源供给不足，城市得不到足够的人力、技术的支持，发展更是举步维艰，这明显与当下所秉持的经济可持续发展的理念背道而驰。因此，必须建立健全完备的人力资源管理制度，提高二三线等城市的福利待遇、工作待遇，帮助相对落后的二三线等城市引进人才，在将一线城市饱和的人力资源引入二三线等城市的同时，缓和一线城市的承载力，实现区域之间的平衡，推动城市经济的可持续发展。

（四）发挥人力资源聚集推进经济集群发展的作用

在区域经济的发展中，人力资源越聚集的地方经济发展就越好，也带动附近的交通和信息更加发达，因为人们通常会向往经济发达的地区，自然就会选择在经济发达地区居住、就业。往往是经济越发达的地区，越需要人才达到一定的知识和技能要求，因而人才竞争就越激烈，这也会促进不断创新，从而促进经济发展。但是，这种迁移会导致经济发展不平衡，落后的地区更落后，发达的地区更发达，进而会引起人力资源配置的差异化。对企业而言，关注的只是针对其所在产业某一部分的生产，因此人力资源较集中，人力资源的创新就可以提高企业的经济效益。人力资源的结构配置是经济发展的核心内容之一，将人力资源与企业的经济效益结合起来，企业可以运用有效的手段将人力资源结构进行优化，实现企业的目标，进而加快企业的发展。同时，越是经济发达的地区竞争强度越大、压力越大，只有不断地学习、积累经验才会提高自身的竞争优势，进而可以促进人才的流动并带动经济发展。

第二章

管办评分离后高职教育管理的新方法

教育管办评分离是全面深化教育领域综合改革的重要举措，是协调和理顺政府、学校以及社会三者之间关系的根本性举措。2015年教育部印发了《教育部关于深入推进教育管办评分离 促进政府职能转变的若干意见》，明确提出“推进管办评分离，构建政府、学校、社会之间新型关系”，同时提出了实施教育管办评分离改革的具体路径和办法。当前我国职业教育管办评分离改革逐渐走向深入发展阶段，对教育机构如何强化自身评价，提升发展内生动力提出明确要求。

第一节 管办评分离的大趋势

党的十八届三中全会通过的《中共中央关于全面深化改革若干重大问题的决定》指出，要“深入推进管办评分离，扩大省级政府教育统筹权和学校办学自主权，完善学校内部治理结构。强化国家教育督导，委托社会组织开展教育评估监测”。《中共中央关于全面深化改革若干重大问题的决定》提出的此类改革举措，目的就是要构建“政府管教育、学校办教育、社会评教育”的教育发展新格局。在党的十八届四中全会的报告中再次重申在教育领域要继续深化综合领域改革，实行管办评分离。2015年《教育部关于深入推进教育管办评分离 促进政府职能转变的若干意见》的出台，标志着我国管办评分离改革由倡导走向执行，明确了管办评分离的行动路线图。党的十九大报告明确提出“深化事业单位改革，强化公益属性，推进政事分开、事企分开、管办分离”。“管办评分离”主要指增强管办评之间的独立性，尽管其中包含管与评、管与办、办与评之间的独立性，但其核心是评对于管的独立性和评对于办的独立性。独立性既是评估机构保持其专业性应当具有的一种特性，也是其得以客观地开展工作和逐步建立权威性所必须具备的一种条件。保持独立性既是评估机构法定的一种地位和权利，也是赋予它的一种责任和义务。

一、教育推进管办评分离改革的意义

（一）推进管办评分离是实现教育治理体系的重要途径

教育治理体系的现代化主要包括教育治理主体的现代化、教育治理理念

的现代化和教育治理机制的现代化。教育治理体系的现代化结构图如图2-1所示。

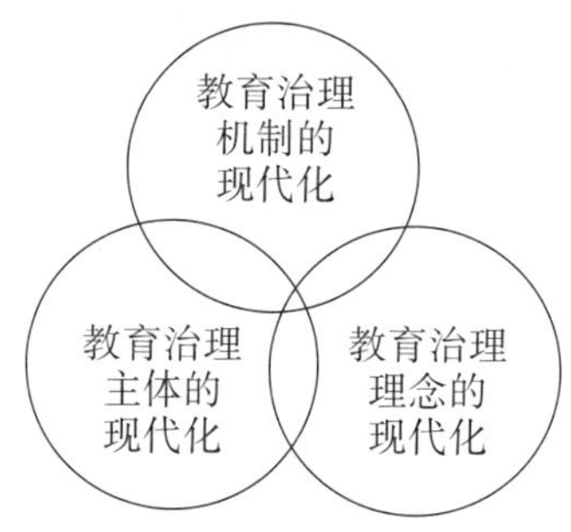

图2-1　教育治理体系的现代化结构图

教育治理主体的现代化主要强调教育治理者应具有专业的教育管理知识，实现教育家办学。教育治理理念的现代化重点强调治理理念的科学化、民主化、法治化，做到教育治理要充分尊重教育规律，多倾听不同利益群体对教育发展的诉求。教育治理机制的现代化主要强调的是要实现教育治理主体的多元化与法治化，形成相应机制，防止“人亡政息”。推进管办评分离改革的重点就是要规范政府管理权益，将权力关进笼子，实现教育管理由人治到法治的现代化转变。

（二）推进管办评分离是解决政府管、评一肩挑的重要举措

长期以来，我国的办学体制是政府既是学校的举办者也是学校的管理者，同时是学校的评价者，政府在办学体制中决策、执行、监督于一体是长期困扰我国“管办不分”和“管评不分”两大问题的总因，由此衍生的管理主体、办学主体、评价主体边界的模糊化也被社会各界长期诟病。同时，在我国未开展管办评分离之前，我国教育督导部门长期附属于教育主管部门，教育督导部门职责不明晰导致教育督导结果缺乏公信力和说服力。实行管办评分离的一个重要目的就是要解决政府管、评一肩挑的难题，明确政府的教

育管理权责，将教育评价权责解放出来，赋予既非教育管理主体的政府又非办学主体的学校的社会组织。

（三）推进管办评分离是调动社会各界积极参与办学、监督的重要手段

实现教育现代化这一目标是通过不断提高我国教育质量来实现的，若不提高教育质量，教育现代化注定要失败。管办评分离的改革适应了这一趋势，表现在实行管办评分离改革之后，将充分调动社会各界积极参与办学，学校办学与政府管理也将接受社会组织的监督与评价，教育评价不再一味地强调升学率，而是转变为依托学校办学特色，尊重学生身心发展规律的多元评价模式。

二、管办评分离改革的关系重构

（一）改革政府对学校的行政管理关系

政府是教育的宏观管理者，根据法律授权，代表全社会公共利益对学校进行行政管理。这种管理是一种外部行政管理，不针对学校内部运作过程和具体环节。管办评分离改革就是要明晰政府与学校之间的管理边界，重点在明晰政府作为权力行使主体的权责边界。具体而言，行使权力需要厘清以下三个方面的关系：一是以公共利益作为目标。行政权力具有公共性，贯彻执行国家法律法规和政策规定，有效体现国家意志，实现公共利益。例如，通过制定法律要求学校坚持社会主义办学方向，通过审批学校设置规划来优化学校布局，通过评估监测来提高教育质量，通过调节招生计划来平衡不同群体受教育机会等。二是具有强制性特点。强制性表现在行使权力主体必须深刻认识到权力是维护国家稳定的有效工具，行使权力主体必须以维护国家基本制度完整、规范社会主体行为等为目的。三是以合法性为原则。行政权力的获得和行使必须依据法律。在处理政府和高校关系的问题上，有的地方把

“权力清单制度”作为切入点和突破口，清理涉及权利义务各类规范性文件，清单清清楚楚表明政府的权力，向社会普遍告知，这是处理政府和高校关系的有益探索。管办评分离改革第一点就是要处理好政府和部门如何管的问题，即要处理好作为行使权力主体的政府和部门与作为办学主体的学校之间的关系。

（二）规范举办者和学校之间的契约关系

从企业所有权和经营权分离的发展历史看，所有者既可以自己经营，也可以将经营权进行委托，由职业经理人经营实现投资目的。作为学校举办者，政府不可能直接从事具体办学活动，而是将学校运行交给职业校长。这在一定意义上形成了所有者与经营者之间的委托代理关系。但是，举办者作为所有者仍然保持一定的控制权，学校要尊重举办者的意图，包括举办的初衷、人才培养规格、学校目标定位等，在办学过程中不能将举办者排除在学校之外。对公办学校而言，政府同时承担管理者和举办者的“双重角色”。但这两种角色的职能以及由此产生的与学校的关系性质是不同的。

一是职责范围不同。作为行政管理部门，政府行政权力具有普遍性，对涉及公共事务的个人和组织具有普遍管理权，行政客体具有普遍性。国家教育法律、基本教育政策、基本管理制度，每所学校都要遵照执行。相对而言，当作为举办者角色时，政府和学校是“一对一”的关系，往往政府设立每一所学校的意图是具体的、不同的，表现在每一所学校服务的地域范围不同、对象也不同，这些决定了每所学校办学规模、办学定位都不相同，举办者通过制定章程，来明确学校的办学性质、发展定位、培养目标、办学层次及规模等事项。

二是发挥作用方式不同。政府行政权力一般具有强制性，为有效维护公共利益，政府推行的法律、法规和政策，行政客体必须接受。如对学校的招生行为、收费标准进行的规范和约束。相对而言，举办者和高校之间协商色彩浓厚些，举办者主要通过章程规范学校办学行为，保障自己的合法权益。

三是权力限度不同。行政权力主要规范公共事务，属于外部管理，根据法律法规明确学校应该遵守的基本准则，管理方式主要是立法、拨款、标准、规划、信息服务等。而学校管理是深入学校内部的，两者是表里关系，而非统摄、包含关系。

（三）明确上级教育部门和下级政府之间的关系

在教育管理上，上级教育部门与下级政府之间具有一定博弈关系，上级教育部门与下级政府的参与者都在努力争取获得优势，各自运用其能够掌握的资源，最大化地影响结果，避免依赖其他的参与者。两者之间的关系不和谐问题在管办评分离改革过程中也得到相应的重视，我国是以县为主的教育管理体制，义务教育阶段所需经费以县级财政为主，同时中央财政予以适当支持，但在县与中央之间，市级教育主管部门和省级教育主管部门如何更好地发挥作用是一个值得思考的问题。在推进管办评分离改革的过程中，必须对各级教育部门作用发挥给予充分重视，充分调动各级教育主管部门的积极性。在我国目前教育管理体制下，应牢固树立省级教育统筹的理念，加强省级教育管理权限，力促在省域内实现教育管理体制优化、管办评有效进行分离的局面。

（四）界定社会与学校之间的监督评价关系

管办评分离改革中的一个重要目标就是引进社会第三方评价，在社会第三方发挥评价作用的时候，需明确学校与社会第三方评价的关系，较为理性的是引入无利益关系的第三方进行评价，这对于缓解管办之间的利益冲突具有积极意义，但是问题依然是谁为评价买单。如果学校买单，需要解决第三方评价中立性的问题。所以，在管办评分离改革的过程中，应切实探讨如何界定社会第三方与学校之间的关系，保障评价的科学性、公正性。

（五）明确政府与社会第三方评价的关系

需要政府对社会第三方的行为加以规范和引导，社会评价的作用是对既定事实进行陈述并对政府、学校发展要求提供相应反馈，为教育管理和学校发展决策提供支撑，所以在社会评价过程中，需要政府对社会第三方进行规范引导，以保障第三方评价发挥最大作用。在我国，政府与社会第三方评价组织之间的关系较为复杂，主要表现为政府既是社会第三方评价组织的雇佣者，又是社会第三方评价的监督者，彼此之间互相监督，政府依然处于强势地位。为保障社会第三方评价不受政府过多干涉，政府应建立第三方评价机制，以法的形式规范彼此行为。推进管办评分离改革，在根本上就是要重新明确作为行政权力执行的政府如何管好教育，作为办学主体的学校如何依据教育规律及自身特色办好教育，作为独立第三方的社会组织如何不受其他主体影响做好科学的、公正的评价。

第二节　高职教育高质量发展目标下管理的新方法

一、目前高职院校教学质量保证体系建设存在的主要不足

（一）重视程度不够，管理制度不健全

1.以教学为中心工作意识不够

大部分高职院校的管理人员和教师未能完全树立以教学为中心的思想意识，认为教学质量的提升只是教学部门的事情。

2.教学质量保证投入不足

大多数学校质量保证体系还没有建立或发挥实质性的效果，特别是在各

级质量保证组织部门的机构设置、人员配备、经费投入等方面重视程度不够。

3. 相关制度不完善

大部分高职院校建立的教学管理制度主要针对日常教学管理、教学资源支持、教学检查规范、教学活动设计开展等方面，对质量主体责任、质量达成目标、配套保证措施、绩效考核方式和激励导向措施等涉及教学质量保证尚未明确规定。

（二）质量评价主体单一，评价导向作用不强

大部分高职院校在教学质量评价方面存在欠缺，往往高度重视政府部门组织的外部质量评价而忽视内部质量保证体系的自我诊断与评价。参与评价的主体比较单一，未能充分引入其他人才培养质量的利益相关方参与其中。在现代信息技术日益普及的背景下，高职院校在进行教学质量监控时利用管理系统、管理网站和移动互联网技术等信息技术手段欠缺，系统化发展水平不够，教学督导部门在实际开展工作过程中重“督”轻“导”，在评价结果运用方面注重评先评优而忽视对质量问题的诊断、预警和指导。

二、推进高职院校教学质量保证体系建设的路径

在管办评分离的教育改革新形势下，高职院校应进一步加强自我诊断和自我改进，坚持在“五纵五横一平台”框架的基本要求下，构建网络化、全覆盖、具有较强预警功能和激励作用的质量保证体系。教学工作诊断与改进体系如图2-2所示。

（一）坚持“质量立校”的办学理念

高职院校要切实树立“质量立校”的办学理念，坚持“以质量求生存、以质量求发展、以改革促质量”的办学思路，秉承以满足社会需要为根本任

图2-2　教学工作诊断与改进体系

务，通过多种途径和方式，对全体教职员工进行质量意识的宣导培训，同步推进质量标准建设，不断增强发展意识、质量意识、创新意识和服务意识，形成“校长有专业质量诉求，坚守质量精神；一线教师讲究课程质量和教学过程绩效；教学管理者和行政后勤人员讲究质量公平，尊重质量文化”的良好氛围。

（二）积极推进内部治理体系现代化

推进高职院校治理体系和治理能力现代化，帮助学校以全新的视野格局探索制度建设的方向与思路。首先，要以深化改革为根本动力，以加强党的领导为坚强保证，制订学校事业发展规划，做好事业发展顶层设计。其次，要大力推进现代大学制度建设，以学校章程为基本准则和依据，按照建设中国特色现代大学制度的要求，完善法人治理结构，健全内部管理体制，规范管理制度，依法治校、科学发展。最后，要落实《职业院校管理水平提升行动计划（2015—2018年）》实施方案，完善相配套的制度机制体系，促进学校治理能力现代化，提升管理水平。另外，还要认真贯彻全国和全省教育工作会议精神，围绕学校“十三五”发展规划确定的办学定位，实施学校综合改革。

（三）构建内外部协调配套的质量保证机制

作为政府教育管理部门，首先要不断完善教学督导评估，按照统一标准、统一程序、客观公正、注重实效的原则，委托第三方机构基于学校相关数据信息，运用相关指标体系进行分析评估，并积极推进学校办学条件、办学资源和教学质量管理内外环境持续改善；其次要督促学校建立常态化的自我诊改机制，依据教育部印发的《教育部办公厅关于建立职业院校教学工作诊断与改进制度的通知》和《高等职业院校内部质量保证体系诊断与改进指导方案（试行）》构建教学工作内部诊断与改进制度，进一步完善内部质量保证制度体系和运行机制，强化主体责任；要健全高等职业教育质量年度报告制度，向社会展示建设成效和问题，体现社会责任担当，接受社会监督，持续改进教育质量。

（四）强化内部教学质量保证组织机构建设

高职院校应依据学校章程，在学校学术委员会的框架下成立教学质量保证委员会，主要负责规划学校教学质量监控工作、审定学校教学质量监控规章制度、诊断与改进工作实施方案、审定学校教学质量监控专门工作机构、组织开展学校有关教学质量重大问题的处理、统筹推进全校的教学质量监控等工作。教学质量保证委员会下设办公室，负责实施委员会会议决定的事项，主要负责督促职能部门和个人履行质量监控职责、组织实施学校内部质量保证体系诊断与改进工作、组织课堂教学督导和评价、跟踪质量问题整改等工作。另外，根据质量保证体系实施的各系统（包括决策指挥系统、质量生成系统、资源建设系统、支持服务系统、监督控制系统）分别成立相应的委员会或者工作办公室，并在全校各院系、各部门确定相应的负责人，具体负责质量保证工作的实施。

（五）建立健全教育教学资源保证体系

高职院校要不断加强教学资源管理制度建设，保证质量管理过程的规范化、精细化和可迁移化。在专业资源方面，要以学生的学习产出为导向加强内涵建设，通过借鉴、引进国内外的先进理念与做法，如建立学习地图、能力雷达等。在课程资源建设方面，要以满足学生差异化发展的实际需要为出发点，积极融入国际化、智能化和信息化的建设思维，在“互联网+”大背景下，通过拓展微课、慕课等方式，引入或者开发高水平的网上课程资源。在优化办学条件方面，要加大高质量的专业平台、普惠学生群体的养成环境、推进教师专业发展规划和推进社区文化建设等四个方面的经费投入。在校园信息化资源建设方面，要建立健全教学管理信息系统，推进管理信息化，为教学质量管理工作提供可靠的信息基础。

（六）完善多元主体教学质量评价体系

在教学质量评价体系建设上，高职院校要坚持多元主体、多方参与、开放评价的思路。首先，评价主体应涵盖学生、教师、学校、社会（用人单位）和政府五级主体。其次，在具体操作层面，要将教学评价与教学监督、信息反馈协调统一起来，构建多渠道、全方位、全过程的内部教学质量评价体系，具体包括教学督导、听课和评课、教师（学生）座谈会、毕业生调查、教学检查、教学事故认定和处理、考试（考查）、督导反馈、系统反馈、学生信息反馈等。最后，要以积极的态度对待各种方式的外部质量评估活动，特别是要坚持“以评促建、以评促改、以评促管、评建结合、重在建设”的方针，高度重视五年一轮的高职院校人才培养工作评估；还要形成常态化的内部质量保证体系的诊断与改进机制，根据内外部的评价结果，有针对性地进行诊断与改进，并在学校、院系、专业、教师、学生五个层面逐级传导压力，形成广泛的质量共识，构建“学生—教师—院系—学校”的命运共同体。

第三章
高职院校教学工作的诊断与改进

高职院校教学工作的诊断与改进是自我管理、自我约束、自我完善和自我适应的过程。一方面，长期以来政府主导得多，学校自主思考得少，政府大包大揽得多，学校主动作为得少；另一方面，不同学校的主要矛盾和矛盾的主要方面都存在差异，用一两套标准方案是无法全部适应的。所以，要引导职业院校分析人才培养质量的生成过程，自主寻找教育教学质量的关键控制点，构建网络化、全覆盖、具有较强预警修复功能和激励作用的校本内部质量保证体系。以提高“人才培养质量”为工作核心，多元诊断与改进并进，建立多维度诊断与改进体系，建设好信息化平台数据采集和管理队伍。教学工作的诊断与改进是集教育、教学和管理为一体，诊断者要有相关理论基础，具备教育教学和科学思维能力，掌握相关的诊断方法。

第一节 高职院校教学工作的诊断与改进的提出

自2015年教育部下发《教育部办公厅关于建立职业院校教学工作诊断与改进制度的通知》以来，教育部在多个文件中强调职业院校要全面开展教学诊断与改进工作，切实发挥学校的教育质量保证主体作用，不断完善内部质量保证制度体系和运行机制，并印发了《高等职业院校内部质量保证体系诊断与改进指导方案（试行）》。

一、高职院校教学诊断与改进工作的意义

（一）教学诊断与改进工作是落实质量保证主体责任的要求

伴随职业教育发展和人们认识的提升，职业教育出现了由政府主导向院校自主这样一个大的转变。按照管办评分离的原则，政府依法履职，发挥教育管理作用；学校依法治校，发挥教育质量自主保证作用；社会广泛参与，发挥教育评价监督作用，形成教育决策、执行和监督三者相互区别、相互协调、相互制约的良性互动机制，改变长期以来存在的高职院校被动接受管理、监督和评价的状况。随着办学自主权的逐步落实，要求高职院校主动适应形势变化，发挥改革创新的主体作用，落实教育质量保证的主体责任。开展教学诊断与改进工作既是高职院校履行人才培养工作质量保证主体责任的具体表现，又是教育主管部门对高职院校落实质量保证主体责任的明确要求。

（二）教学诊断与改进工作是完善内部质量保证制度体系和运行机制的要求

建立职业院校教学工作诊断与改进制度的根本出发点是探索建立适应经

济发展新常态需要的职业院校内部教育质量保证体系，营造中国特色、职业教育特点的现代质量文化。目前我国职业教育的发展模式已从注重扩张向内涵建设转变，内涵建设的核心是人才培养质量。高职院校还必须以人才培养为中心，以提高质量为核心，挖掘内部潜力，整合资源，优化结构，夯实基础，练好内功，不断完善内部质量保证制度，建立质量保证机制，形成全员参与、全程控制、全面管理的现代质量文化。

与此同时，高职院校要依托外部的质量保证机制，加强人才培养工作状态数据的采集与管理，完善质量年报制度，建立常态化、周期性的教学诊断与改进制度，逐步建立起具有自我诊断、自我改进和自我完善功能的质量保证体系。

（三）教学诊断与改进工作是实现创新发展的要求

现代职业教育体系建设要求高职院校实现创新发展，发展动力向院校自主转变，发展模式向内涵建设转变，办学状态向全面开放转变，评价体系向内涵指标为主转变，教师队伍向注重“双师型”结构转变，社会服务向教学培训与应用研发并重转变。这些转变的核心是增强高职院校发展的内生动力，注重学校自身的内涵建设。建立高职院校教学工作诊断与改进制度本身就是一种创新，是对学校教育质量保证体系的完善和发展，必将成为促进学校创新发展的有效手段。

二、高职院校教学诊断与改进工作的任务

《高等职业院校内部质量保证体系诊断与改进指导方案（试行）》提出，高职院校内部教学工作诊断与改进的目标是建立基于高职院校人才培养工作状态数据、学校自主诊断与改进、省级教育行政部门根据需要抽样复核的工作机制，促进高职院校在建立教学工作诊断与改进制度基础上，构建网

络化、全覆盖、具有较强预警功能和激励作用的内部质量保证体系，实现教学管理水平和人才培养质量的持续提高。具体任务是完善高职院校内部质量保证体系，提升教育教学管理信息化水平，树立现代质量文化。

（一）完善教育质量标准体系

教学诊断的依据是标准，完善教育质量标准体系是开展教学工作诊断与改进的基础。国家教育标准体系包括学校建设标准、专业和课程体系标准、教师队伍建设标准、学校运行和管理标准、教育质量标准等内容。

教育部已明确将定期修订发布高等职业教育专业目录，组织制定公共基础必修课课程标准、专业教学标准、顶岗实习标准、专业仪器设备装备规范等。高职院校应依据教育部和省级教育行政部门出台的相关标准，结合学校办学定位、服务面向和人才培养目标要求，借鉴、引入企业岗位规范，制订人才培养方案和“双师型”教师标准，在专业层面还要制订细化的专业教学标准和课程标准、教学环节质量标准、教学管理标准和岗位职责标准。

（二）制订和实施教育质量保证规划

教学诊断的过程实际上是对照检查的过程，在教学诊断中既要与各项教学标准对照，又要与预期规划目标对照，检查预期规划目标尤其是质量保证目标的达成度。因此，制订和实施教育质量保证规划十分必要。

在制订学校总体发展规划、质量保证规划的同时，要制订包括专业建设规划、课程建设规划、师资队伍建设规划、学生发展规划等在内的各个专项规划。这些规划都应包含相应的质量保证目标，既有总体目标又有阶段性目标，是可操作和可检验的。

（三）强化人才培养工作数据采集管理和质量年度报告

《高等职业院校内部质量保证体系诊断与改进指导方案（试行）》明确

提出，诊断与改进工作主要基于对学校人才培养工作状态数据的分析，实行数据分析与实际调研相结合。

高职院校人才培养工作状态数据库为教学诊断提供了数据支撑，它不仅能够减少教学诊断的前期准备工作，而且能够提高教学诊断与改进工作的科学性和准确性。强化人才培养工作状态数据在诊断与改进工作中的基础作用，前提是必须保证人才培养状态数据的完整和准确。

为此，要切实加强人才培养工作的状态数据管理系统的建设与应用，高度重视人才培养数据采集工作，确保数据的采集质量。按照源头采集、实时采集、准确采集的要求，逐步实现从学校各业务系统自动采集数据。要把应用作为重点，完善数据平台在内部管理运行中的状态分析和监控功能，使之能够进行日常管理和教学质量监控，推动教学工作持续改进，确保人才培养质量目标的实现。与此同时，要重视人才培养质量年度报告发布制度，做好质量年度报告的撰写和发布工作，提高年度报告质量和水平，有条件的院校还可以建立专业层面的人才培养质量年度报告制度。

（四）建立常态化周期性的教学诊断与改进工作制度

围绕学校、专业、课程、教师、学生等5个层面，基于办学理念、办学定位、人才培养目标、专业设置与条件、教师队伍与建设、课程体系与改革、课堂教学与实践、学校管理与制度、校企合作与创新、质量监控与成效等10个人才培养工作要素，建立包括学校办学、专业建设、课程建设、师资队伍建设、学生全面发展等5个方面的教学诊断与改进工作制度。

学校和专业等综合性诊断项目周期相对长一些，可以考虑学校诊断3年1次，专业诊断2年1次。课程、师资队伍和学生发展等专项诊断，每年可以开展1次。要结合学校实际制订具体的诊断与改进工作方案与实施细则，提高诊断与改进工作的有效性，重视改进环节，确保教学诊断与改进工作取得实实在在的效果。

（五）树立现代质量文化

人才培养质量是关系职业教育生存和发展的大问题，也是高职院校内涵发展的核心问题。要强化广大教工的质量意识，把质量提高作为全校师生员工的共同追求，通过多种途径调动追求质量提高的积极性与创造性，形成“全员、全过程、全方位”保证的质量文化，使质量保证成为高职院校各系部和广大教师的自觉行动。

三、高职院校教学诊断与改进工作中教育行政部门的责任

发挥高职院校教育质量保证的主体作用与强化教育行政部门的管理责任是并行不悖的，各级教育行政部门的指导、监督是做好高职院校教学诊断与改进工作的有力保障。

（一）切实加强对教学诊断与改进工作的指导

在高职院校教学诊断与改进工作中，教育行政部门的指导和促进作用不可或缺。教育行政部门通过制订诊断与改进工作实施方案，对学校自主诊断与改进情况进行抽样复核，规范了教学诊断与改进工作的总体目标、任务、诊断内容和工作程序，同时促进高职院校有效落实质量保证的主体责任，指导高职院校结合自身实际确定教学诊断与改进工作的重点，督促高职院校高质量开展教学诊断与改进工作，努力提高人才培养质量和管理工作水平。

教育行政部门的指导督促与高职院校的自主整改相辅相成，学校外部的教育质量保证体系与学校内部的教育质量保证体系相互依存，并且

通过外部的教育质量保证体系推进高职院校内部质量保证体系的建设与完善。

（二）强化教学诊断与改进工作的专家队伍建设

区别于医学诊断和企业诊断，职业院校开展教学诊断与改进工作是一项新的事物，没有相应的职业教育诊断与改进专家队伍。《高等职业院校内部质量保证体系诊断与改进指导方案（试行）》确定，要成立部级和省级“职业院校教学工作诊断与改进专家委员会”，探索建立诊断与改进专家认证制度，建立动态的诊断与改进专家库并规范专家管理，为诊断与改进专家队伍提出了基本的建设思路。事实上，对于多数高职院校来说，缺少外部职业教育诊断与改进专家的参与，其教学诊断与改进工作的质量是难以得到保证的。

因此，教育行政部门应采取有效措施强化教学诊断与改进专家队伍建设，通过培训等方式加快诊断与改进专家培养，尽快建立起诊断与改进专家库。同时，应引入市场机制，鼓励具有教育评价资质的第三方机构积极参与高职院校教学诊断与改进工作，重视发挥校外职业教育诊断与改进专家的作用。

（三）重视发挥标杆院校或同类标杆专业的示范引领作用

开展教学诊断与改进工作除了与教学标准和质量保证规划对照检查外，还需要与标杆院校或同类标杆专业进行比对。在高职院校教学诊断与改进工作中对照标杆院校或同类标杆专业，实际上就是运用标杆管理办法，在本地区选择一个优质院校或同类骨干专业作为标杆，与其进行对比剖析，学习成功经验，找出自身不足，改进工作，逐步缩小差距。

第二节 高职院校教学工作的诊断与改进的内容

一、教学诊断与改进体系建设

（一）完善内部质量保证体系

高职院校在建设和发展的过程中，根据自身教育教学工作的需要，都或多或少地建立了教学质量保证体系和相关的工作机制。职业院校制定教学工作诊断与改进制度的目的是要实现高职院校教育教学质量的自我保证。因此，学校应在已存在的有效质量保证体系和机制基础上，以教育教学为核心，以管理与服务为保障，以学生成人成才为主线，以高水平高职院校建设为抓手，健全和完善学校内部质量保证体系建设。内部质量保证体系架构如图3-1所示。

（二）建立常态化周期性的诊断与改进机制

高职院校切实履行人才培养工作质量保证的主体责任，既要设计完整的内部质量保证制度体系，又要建立自我约束、自我发展、自我完善的长效诊断与改进机制，分别从学校、专业、课程、教师、学生、管理服务等多层面深入开展自我诊断与改进工作。

一方面，对人才培养实施过程要进行实时监测和预警，建立应急处理机制；另一方面，以数据分析为基础，周期性地对人才培养质量进行分析和诊断，发现问题和不足，并及时优化和改进，促进学校人才培养质量螺旋或递进上升。

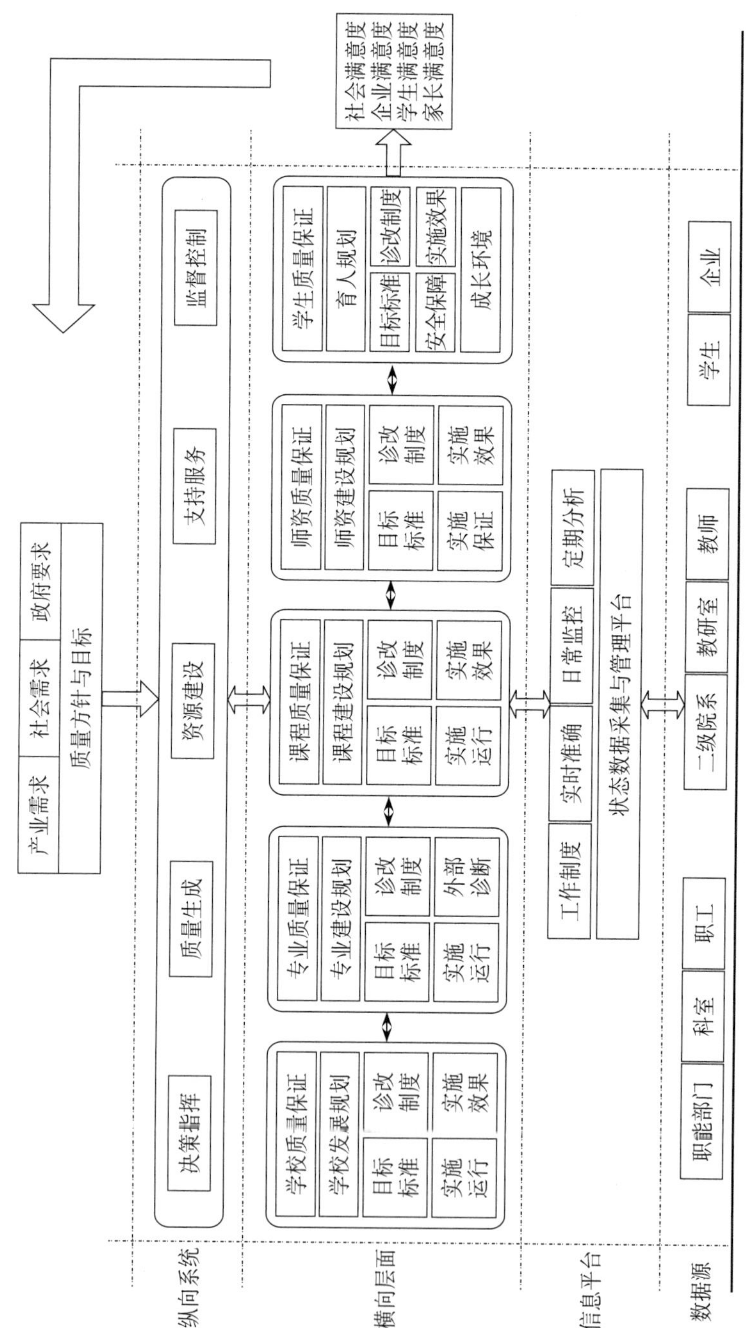

图 3-1　内部质量保证体系架构

（三）提升质量管理信息化水平

以人才培养工作状态数据采集管理系统为基础建立校本人才培养数据中心，建设具有多终端多渠道信息采集、多功能全覆盖的质量管理信息化平台，通过实时数据采集和处理，实现对学校人才培养过程全要素、网络化的诊断和预警，进一步强化人才培养工作状态数据在教学诊断与改进工作中的基础作用，为科学诊断人才培养工作状况、及时改进提供数据支撑。

（四）树立现代质量文化观

职业教育的根本任务是立德树人，培养高素质技术技能型人才，因此，职业院校的质量文化建设应着眼于以教师和学生职业发展为重点，以践行社会主义核心价值观为主线，倡导积极、健康、向上的校园文化，树立现代质量文化观。

高职院校的质量文化由精神文化、物质文化、制度文化和行为文化组成，并在办学实践中逐步形成相对固定的、全体师生员工普遍认同的质量意识、方针、目标、标准、评价办法及管理制度等，树立全面质量意识，事事、处处、人人都为质量负责。质量文化是指全体师生员工质量精神的塑造，学校用各种媒介宣传、倡导质量文化，开展质量文化学习，激发全体师生员工追求、研究和创造质量的内生动力，使追求质量、改进质量成为其自觉行动。质量文化包括质量物质文化、质量制度文化和质量行为文化。

（1）质量物质文化包括校园特色景观、质量标识、质量环境和质量氛围等建设。学校通过不断优化教学设施、设备和办学条件，为质量文化建设提供物质保障。

（2）质量制度文化是指建立质量考核、评价、监督和奖惩等制度。在制度设计上，要以质量优先、效率优先为原则，在晋级晋升、评优评先、薪酬分配等体现追求质量、追求效率的规则，通过制度引导全体师生员工形成自觉维护质量、提升质量的意识。

（3）质量行为文化是指全体师生员工在教学、生活中以质量为本、效率为先的行为习惯养成。学校要注重提升全体师生员工的精神面貌和行为规范，发挥教师的表率作用，以教师的人格魅力潜移默化地影响、感染学生的行为。同时，要注重模范人物、先进积极分子的宣传，引导全体师生员工认同质量理念。

二、教学诊断与改进的组织实施

（一）教学质量保证体系的建设

建设学校内部质量保证体系，应该分别从教学实施和管理服务两个视角着手，涵盖决策指挥、质量生成、资源建设、支持服务和监督控制5个纵向系统，联结学校、专业、课程、教师、学生5个横向层面，构建内部质量保证体系。内部质量保证体系的五大主体如图3-2所示。

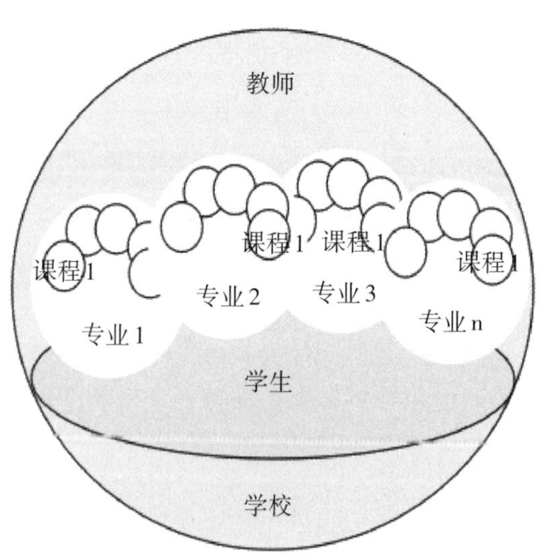

图3-2　内部质量保证体系的五大主体

教学质量保证体系的建设可以从教学实施和管理服务两个视角来看：

（1）教学实施视角的内部质量保证，是以专业诊断与改进为切入点，以学生成长成才为主线，通过建设和完善专业建设规划、专业教学标准、专业人才培养方案、专业实践教学体系、专业作品管理办法、专业教学质量保证体系等，形成以专业为主体，教学活动组织与实施的内部质量保证体系。

（2）管理服务视角的内部质量保证，是以学校内设机构为设计基点，以优化内部管理、运行机制为目标，以促进学生全面发展和教师阶梯成长为重点，通过组织体系、目标体系、标准体系、流程体系、制度体系建设，构建保证教学组织与运行质量的内部质量保证体系。

（二）教学质量的自我诊断

根据学校、专业、课程、教师、学生各层面的发展规律，结合学校整体发展、专业建设、课程建设、师资队伍建设、学生全面发展的目标和标准，建立自我诊断与改进制度，定期进行教育教学质量和管理服务质量诊断，发现问题，及时解决。

诊断要以人才培养工作状态数据分析为基础，以管理服务对象的反馈意见为导向，以提升教育教学质量为目标，进行针对性的诊断，避免泛泛而谈，避重就轻。通过诊断实现学校从应对检查型质量管理模式向自我保证的常态化质量管理模式转变，逐步形成学校独特的质量文化。

（三）教学改进与质量提升

针对内部质量保证体系诊断出来的问题，及时查找原因，研究解决方法并实施改进。对于复杂的受条件限制一时难以解决的问题，也应制订解决问题的时间表、路线图，分步实施，逐步推进。改进的目的是提高质量，不是为了改进而改进，因此，改进的形式是灵活多样的，方法和过程应是可监测的。既可以将诊断与改进工作与常规工作融为一体，定期自省自改；也可以周期性地组织诊断与改进。

改进应有一定的系统性和延续性，很多问题的解决不是一改就能出成效、有结果的，往往还需要再诊再改，需要多次反复推进，逐步改进和完善。诊断与改进只是手段，提升质量才是目的。一方面，要通过诊断与改进来防微杜渐，并通过完善工作流程和制度，防止类似问题再次发生，不断改进质量。另一方面，要注重质量的螺旋上升。质量的提升是永无止境的，质量目标和标准要与时俱进，不断提高，从而促进质量生成过程的不断改进和优化。质量改进螺旋示意图如图3-3所示。

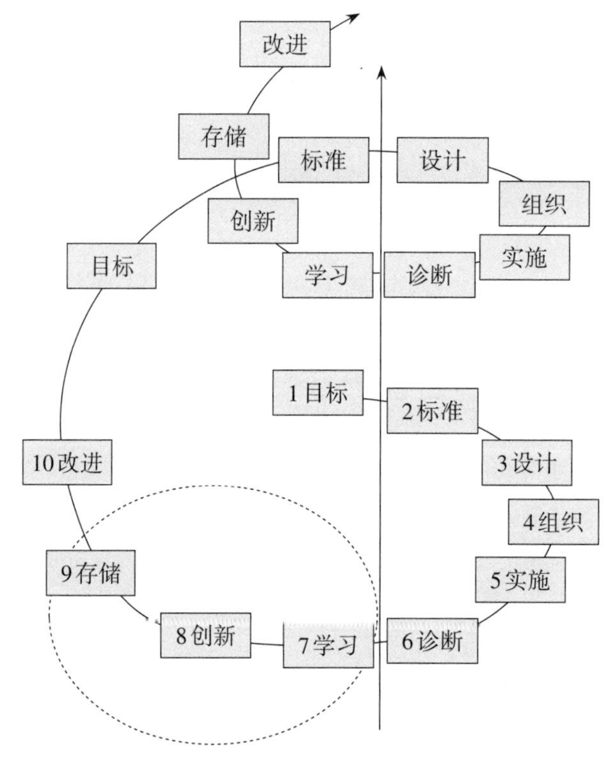

图3-3　质量改进螺旋示意图

三、教学诊断与改进的保证机制

（一）成立质量保证组织

学校建立全面协调的质量保证组织体系，成立“学校—院系—专业—课程”四级质量保证组织，整体设计规划学校内部质量保证体系，组织、指挥、监督和检查内部质量保证的运行，统领全校的教学诊断与改进工作。

（二）建立考核性诊断机制

出台诊断与改进工作绩效考核办法，加强监督和考核，形成校院两级教学诊断与改进的考核机制，将考核结果与年度考核、绩效奖励、评优评先挂钩，并将其纳入学校年度目标绩效考核体系。对诊断与改进工作的过程和质量进行考核性诊断，倒逼质量保证内生性动力机制的形成，确保各项诊断与改进工作目标的实现和超越。

（三）建立履职问责机制

建立教学诊断与改进工作责任制和责任追究制度。校内二级单位是教学诊断与改进工作的责任主体，各单位负责人是本单位教学诊断与改进工作的第一责任人，负责本单位教学诊断与改进工作的组织和实施，统筹安排，做好分工，责任到人，确保教学诊断与改进工作落到实处。学校应对各责任人实施履职测评，对没有完成目标任务和出现差错的教师进行问责。

（四）建立资源保证制度

学校内部质量保证体系建设及诊断与改进工作是一项长期的、系统化的工程，不可能一蹴而就，需要学校全体师生员工的共同参与和努力，是一个持续发展和长期推进的过程。因此，学校质量管理委员会要做好统筹设计，系统规划，建立内部质量保证体系建设与运行实施方案，并根据方案确定目标任务，科学分析实现目标任务所需要的资源条件，提供必要的人、财、物支持，保证经费足额投入，为目标任务完成提供资源保障。

高职院校是内部质量保证体系诊断与改进工作的责任主体，应主动建立全员参与、全过程控制、全面管理的质量保证体系，健全和完善质量保证的目标链、标准链、流程链和制度链建设，并以科学分析人才培养工作状态数据为基础，把职业道德、技术技能水平和就业质量作为人才培养质量评价的重要标准，建立常态化周期性的诊断与改进运行机制，切实发挥高职院校教育教学质量保证的主体作用。教学诊断与改进的保证机制如图3-4所示。

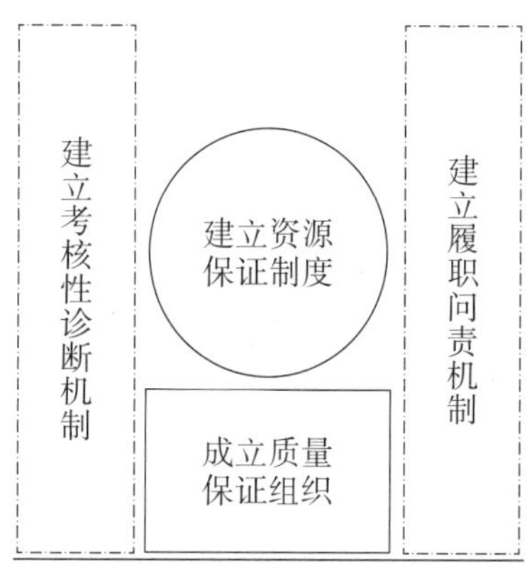

图3-4　教学诊断与改进的保证机制

第四章

国外高等院校质量保证体系建设

20世纪90年代以来，中国职业教育迎来了大发展时期，随着《国家职业教育改革实施方案》的颁布，职业教育作为一种类型教育，必然会迎来发展的黄金时期，职业教育教学诊断与改进工作是职业院校教育质量保证的一大主题。随着市场经济的发展，以服务区域经济为主要目标的职业教育各个院校竞争变得更加激烈，行业、企业、家庭和个人对职业教育质量提出了更高的要求，如何建立“质量就是核心，就是生命线”的质量保障体系显得尤为急迫。德国、英国、澳大利亚和美国职业教育各具特色，可以给我国职业教育，尤其是高等职业教育质量保证体系的建立与完善提供一定的借鉴。

第一节 德国职业教育质量评价研究

德国职业教育在世界职业教育发展中备受关注，被认为是战后德国成为世界经济强国的秘密武器。德国职业教育之所以能够帮助德国经济复苏和崛起，很大程度上归功于高水平的质量。而作为促进质量提升的重要手段之一的质量评价体系也历来得到德国联邦政府、各联邦州及各职业院校的高度重视。

一、德国职业教育质量评价的发展路径

德国职业教育的发展与企业的发展密不可分，职业教育质量评价的发展也伴随着企业质量观的演变而发展。20世纪90年代，随着精益生产方式的形成与发展，传统的金字塔形组织结构已不能适应需求，转为扁平化的组织结构，ISO9000质量管理体系被企业广泛使用，同样也被作为第一个应用于职业学校的副本加以移植，德国职业学校纷纷将ISO9000质量管理体系引入职业学校流程管理的质量评价中。但是，组织管理的变革对职业学校也提出新的要求，职业学校的组织结构不能并行于普通学校和企业组织结构之间，而是要建构一种全新的组织结构，适用于工业企业的ISO9000质量管理体系对学校组织结构缺乏精准的分析，教育规律与生产规律也存在诸多不同，越来越多的职业学校开始寻求新的质量标准。随着企业质量观从以专家为导向转为以顾客为导向，从结果优化转为过程优化，从外部质量保证转为关注内部质量保证，职业教育质量评价也由对培养过程的评价转向对培养过程和实施效果的全面评价，同时注重外部质量

评价与内部质量评价的结合。

二、德国职业教育质量评价的体系

德国《联邦职业教育法》第2条明确规定职业教育在以下地点进行：一是经济界的企业，经济界以外特别是公共事务、自由职业成员以及家政的同类机构（企业职业教育）；二是在职业教育学校。可见，德国职业教育在两类主要场所实施，即企业和学校，在企业实施的职业教育成为企业职业教育，在学校实施的职业教育成为学校职业教育。企业职业教育的管理与评价主要由行业组织负责，学校职业教育的评价是各联邦州在联邦政府的统筹下各自负责。因此，与许多其他欧洲国家不同的是，德国联邦政府没有制定统一的职业教育质量评价模型，而是由16个联邦州基于各自教育政策、财政水平以及教育结构等情况设计出不同的质量评价方法。目前德国16个联邦州都用翔实且专业的文件明确了教育政策和学校外部质量评价的支持系统。这些规定也是保障学校教育及其过程质量的重要环节。德国职业教育质量评价体系分为外部评价和内部评价两个部分。

（一）外部评价

1.德国职业教育外部质量评价概述

德国各联邦州职业教育外部质量评价方法大体可以分为3种，即外部评价、质量分析和学校审查。根据采取的具体评价方式不同又可以细分为6种，即外部评价、陌生人评价、质量分析、学校审查、学校视察和基于团队的职业学校外部质量评价。德国各联邦州职业教育外部质量评价具体方式如图4-1所示。

图4-1 德国各联邦州职业教育外部质量评价具体方式

2. 德国职业教育外部质量评价的标准

德国职业教育外部质量评价的标准通常根据各联邦州教育法中的职业教育质量框架来设计，以质量管理系统为基础，关注持续的质量开发过程。虽然各联邦州的质量框架有所不同，但是均涉及过程质量和绩效质量两个层面。

（1）过程质量。过程质量层面包括对学校质量产生影响的学校管理、学习与工作条件、教育与培训过程、质量开发和合作等5个方面。

①学校管理。考查“领导和管理”，即学校领导行为的质量，以及学校授课教师的“专业化”。同时衡量学校内部成员之间的互动、合作与交流、文化活动和与外界接触等学校生活总体环境因素的“学校文化”。

②学习与工作条件。衡量学校运行和开展各项工作的前提条件，主要对

职业学校学习与工作条件的存量以描述的方法来记录，包括学生的数量与结构、学校组织和教学行为有关人员的数量与结构以及物力和财力资源。

③教育与培训过程。衡量高质量教学过程的特征。职业学校的核心业务是“教与学”，“教与学”过程的质量显著影响着学生的学习成果。德国各联邦州高度重视职业教育的课程体系开发与课程标准的建立，各联邦州文教部长联席会议制订各职业统一的框架教学计划，并明确各职业人才培养的目标、能力等。“教育与培训过程”衡量教学过程、教学水平、教学设计和教学氛围等方面，重点考查教师的教学设计能力，即其所设计的教与学的过程是否充分考虑所有学生个性化特征、在激发学生学习动机的基础上强化沟通与交流，提高框架教学计划中规定的能力，特别是跨学科能力等。

④质量开发。衡量职业学校质量开发的相关措施，如目标与战略的制定、学校质量项目的推动、学校内部评价的设计等。

⑤合作。衡量职业学校内部成员之间、学校与所有利益相关者，以及外部合作伙伴之间的信任与合作程度。

（2）绩效质量。绩效质量重在从学校工作绩效的维度对质量结果进行评价，通过对学生取得的成就，学生的行动能力，教师、学生等利益相关者的满意度等结果性指标来衡量教育目标、培训目标和素质提高目标等实现的程度。

3.德国职业教育外部质量评价的流程

德国的职业院校可自愿参加外部质量评价，但是根据各联邦州教育法的规定，州立学校都有接受评价的义务，因此学校督导也可指定或由各联邦州的质量机构随机抽取接受评价的职业院校。各联邦州职业教育外部质量评价的流程除了时间节点的不同外，具体内容大体相同。

（二）内部评价

德国各联邦州职业教育内部质量评价方法大体可以分为四种：ISO9001、Q2E、EFQM和学校项目。

1.德国职业教育内部质量评价的模式

（1）ISO9001。ISO9001是ISO9000族标准所包括的一组质量管理体系核心标准之一，ISO9000系列是国际标准化组织于1987年制定的生产经营质量标准，该标准是通过业务和行政程序及其有关文档有序的质量管理，由外部专家审核和认证，以确保制定的标准。此标准并不是评估产品的优劣程度，而是评估企业在生产过程中对流程控制的能力，是一个组织管理的标准，其有助于进一步提高质量标准的操控性及其使用范围，如服务行业、学校等。整个标准系列的一个重要工具就是质量管理手册，涉及学校所有与质量有关的过程，以及学校具体的质量目标和流程。质量管理手册建立在学校基本业务流程之上，根据教学过程加以设计并强制执行。

（2）Q2E。Q2E是通过评价和发展的相互作用来提高学校的教育质量的模式。该模式旨在支持学校系统化评价的质量标准和工具的开发，通过系统化的学校评价和反馈过程获得对学校整体质量的感知和思考。

Q2E模式由6个部分组成，即学校质量的宗旨、个体反馈与质量开发、自我评价与学校质量开发、通过学校领导控制质量过程、外部对学校的评价和认证。①学校质量的宗旨是指由学校自行确定其质量的价值观、规范和标准，日后将以该宗旨来评价学校的质量。②个体反馈与质量开发是指通过将学生、家长等利益相关者以及同事等的反馈作为个人的与教学相关的质量开发的反思和动力。通常采用问卷调查法、访谈法、观察法等。③在自我评价与学校质量开发方面，自我评价有助于结合学校发展实际问题，进行问题诊断、措施完善、自我负责、提高教师效能。学校质量开发成为每个教师、学校成员的共识和追求目标。④通过学校领导控制质量过程是指由学校领导负责和协调不同的质量保证和质量开发活动，使学校领导成为质量的促进者、质量保证的指导者和质量开发的管理者与咨询者。⑤外部对学校的评价是指学校外部从独立的视角对自我评价的有效性，以及学校内部质量进行评价。采用问卷调查、学校现场巡查、现有文本分析和访谈法等，对学校质量作出公正、客观详细的质量评价。⑥认证是指职业学校可以自愿参加Q2E认可的机构对其质量认证，由评价机构提供认证报告，有助于促进高水平质量体系的建立及发展。

由此可见，Q2E模式有效地将外部质量评价与内部质量评价相结合，促进职业学校质量水平的提升。该模式关于参考框架的质量范围和维度、质量要求和指标等都由学校结合自身发展提出。

（3）EFQM。欧洲质量管理基金会（EFQM）始建于1988年，是一家致力于更好地实施全面质量管理的商业服务机构。该机构开发的“EFQM卓越模型”为组织提供了一个用于自我业务评价和改进的工具，后被引入德国职业教育的内部质量评价中。EFQM共有9个标准，其中5个属于“引擎（enablers）”，4个属于“结果（results）”。为了实现组织的持续成功，组织需要拥有强有力的领导和明确的战略，如果正确的方法得到有效实施，他们将实现组织和利益相关者期望的结果。“引擎”指导组织应该如何去做，“结果”指导组织明确应达到的具体目标，“引擎”导致“结果”，来自“结果”的反馈将会进一步帮助提高“引擎”。

五个“引擎”分别是：①领导。职业学校领导如何促成任务和远景目标的实现，构建长期成功所需要的战略，并通过适当的行为实施，领导参与能够确保开发和实施学校的管理系统。②师资。学校如何在个人、团体和组织高层上管理、开发和释放师资的知识和潜能，有计划开展活动来支持方针策略和过程的有效运行。③目标与战略。即学校如何部署以学习者为中心的清晰战略，并由相关的方针、计划、目的和过程支持，实现学校的任务和远景目标。④合作关系与资源。学校如何计划和管理其外部合作关系以及资源来支持其战略和过程的有效运行。⑤过程。学校如何设计、管理和改进其过程来支持方针战略，使学生、家长、用人单位等受益者完全满意。德国职业教育EFQM模式中的五个“引擎”如图4-2所示。

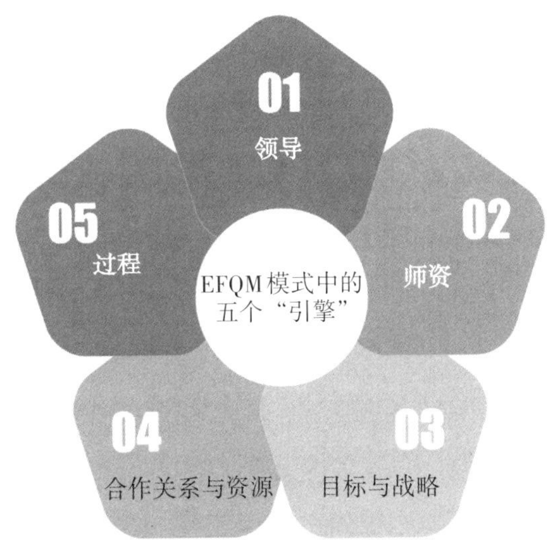

图4-2　德国职业教育EFQM模式中的五个“引擎”

四个“结果”分别是：①师资成果。就教师而言，学校要取得什么成果。②学生、家长和用人单位成果。就学生、家长和用人单位等外在客户而言，学校要取得什么成果。③社会成果。就国家、地区和国际社会而言，学校要取得什么成果。④关键绩效成果。就计划的绩效而言，学校要取得什么成果。

2.德国职业教育内部质量评价的流程

德国职业教育内部质量评价是一个持续改进的过程（如图4-3所示）。

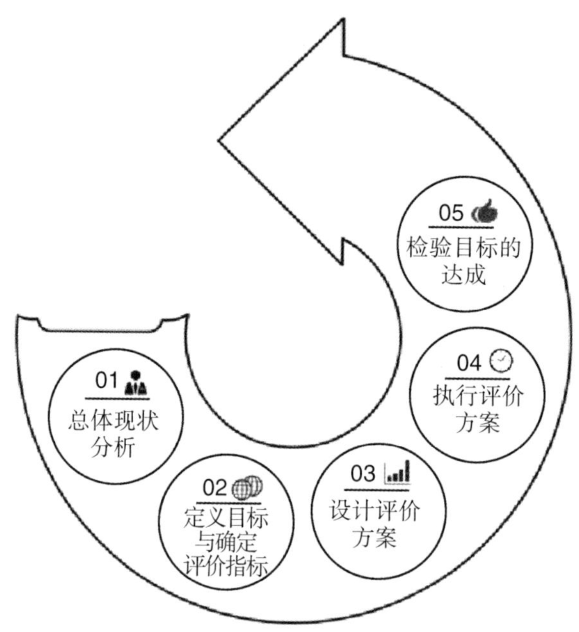

图4-3　德国职业教育内部质量评价持续改进过程

（1）总体现状分析。当学校希望了解优势和劣势、检验学校质量时，或者检验根据外部评价提出的改进措施是否有效时，会对学校总体现状进行分析。采用多种工具收集数据，如使用根据外部评价框架设计的调查问卷等。在对数据进行解释的基础上，定义目标并设计方案，反过来也评价数据的有效性。

（2）定义目标与确定评价指标。现状分析后就需要定义目标并确定测量和观测指标，以便检验目标达成的程度。定义目标时要格外注意目标的合法性和科学性。只有对目标有了清晰的解释，才能明白目标指的是什么、如何才能实现，以及系统如何有效运行。不同的目标，例如有形的目标（什么应该被实现？应追求哪些质量？）和时间的目标（到什么时候应该结束？）是相互依赖和相互影响的，因此从一开始就必须明确设立的目标。

（3）设计评价方案。除了明确的目标定义外，对外部环境的精准分析也非常重要：设计方案对学校有哪些意义？哪些重要的人员需要参与评价？哪些人员能够提供信息和帮助？明确了所有的前提条件后，需要在项目计划中澄清时间节点和评价项目的负责人，即谁在什么时间完成何种任务。内部评价的所有流程均要根据系统化的过程控制的方式加以设计，评价之初就制定清晰的结构和责任有助于评价的顺利进行。

（4）执行评价方案。在评价方案设计时考虑得越周全，越能避免在执行时出现问题，即使再好的计划也不能防止出现偏差。造成偏差的原因可能是计划的评价方案与现实存在脱节的地方。例如：某个步骤执行的时间过短；某个步骤未能按照计划实施；执行主体出现某些心理问题，如动机缺失等。在实施内部评价时，系统控制的方法十分重要，通过比较实际和期望的状况，采取相应的纠正措施。学校领导主要承担整体协调的责任，规模较大的学校建立协调组或控制组是很有必要的，他们由学校领导授权共同承担内部评价的工作。

（5）检验目标的达成。执行评价方案后就能够获知是否实现了质量的改善且程度如何。

三、德国职业教育质量评价的制度政策

2002年3月，欧盟理事会在巴塞罗那批准了实现里斯本目标的实施工作计划，提出到2010年要使欧盟的教育和培训体系成为世界质量参照系。2002年11月欧洲职业教育与培训部长会议及欧盟委员会共同通过的“哥本哈根宣言”强调了质量保证是一个必不可少的工具，通过它可有效提高职业教育的吸引力。2004年6月，欧盟委员会建议构建一个共同的质量保证参考

框架，该框架参照职业教育的质量管理系统，同时根据ISO、EFQM等标准化系统，对职业教育质量保证和特征，以及主流导向加以调整，设计出质量准则和指标。

2005年德国修订了《职业教育法》，旨在通过改革来保证和改善年轻人的培训机会，将国家的任务分解到各联邦州和地区以促进职业教育质量的提高。各联邦州也纷纷修改当地的职业教育相关法律，将职业教育的质量评价纳入法律体系中。

四、德国职业教育质量评价的工具与方法

（一）问卷调查

职业学校及其教学过程具有复杂性，这就对数据的收集带来了困难。封闭性答案的标准化问卷特别适用于全面的现状分析。利用问卷可以在相对短的时间内获取更多的人对问题的态度、意见和需求等。问卷也非常适合重复检查，可在一段时间后不用花费太多精力即可检查受访者是否根据评价建议改进教学策略。为了在更大程度上获得客观公正的评价，同时体现调查问卷的科学性与人性化，问卷设计充分考虑到调查对象的多样性，不仅针对教师、学生、家长、企业等不同群体的特点设计分类问卷，而且考虑到学生家长文化的多样性，除提供英语、德语问卷，还提供了土耳其语、俄语、波兰语和塞尔维亚语等多语种问卷。

（二）文本分析

对一个特定领域的评估收集新的数据是完全没有必要的，要充分地利用学校现有的数据和文本。如职业学校自我评价的结果报告、学校发展规划及相关数据、教学开发理念、会议纪要等。对一些评估目标来说，系统分析学校结构和学生成绩数据，以及转学的人数、复读率和辍学率等，要比使用耗

费大量时间的调查问卷更加富有成效。另外比较在相同框架条件下运作的不同学校的工作，或者学生的期终考试成绩能够对质量开发提供有价值的信息。

（三）访谈法

质量评价团队成员一般使用专有的教学评价表，通过对学生进行现场访谈，获得学生真实的关于教学效果的评价。同时要对学校领导、院系、学生会、培训企业、家长和学生代表等进行采访，以期获得更为全面、真实的信息。

（四）结构化观察

根据预先定义的标准和指标进行结构化观察是一种常见的评价工具，其特别适合于检验在课堂上和学校生活中的各种互动过程。虽然结构化观察并不能完全观察到复杂的行为，但是如果指标有明确的定义，他们能够对观察到的行为进行差异化评价。然而，设计出有用的观察框架是不容易的，需要耗费大量的时间。对外部评价开发的教学观察表同样也在内部评价中被各种类型的学校所采用。例如，当教学观察表能够获取关于学校的整个教学过程的系统性概况时，同事听课时就可以使用该表。将更多学时的教学观察表进行总结，可以提供学校教学过程的总体信息，这也是对内部评价数据基础的拓宽。

（五）系统的自我反思

对没有经验和因此有相应疑虑和恐惧的教师来说，系统的自我反思是一种好途径，对自己的工作进行系统分析是重要的第一步。通常采用教学备忘录或自我评价表的形式。教学备忘录是定期以书面形式记录学生的行为和自己的行为，有时会有新的发现和见解。它可以展示人们可能并没有意识到的日常行为轨迹，推进有针对性的行为变化。自我评价表是由自己建构易于定义的质量标准，总结专业化教师行为的基本质量特征，并对自己教学质量的若干方面进行分析。系统的自我反思不仅是教师个人的行为，而且需要值得信赖的同事们组成小组共同进行讨论，以便避免臆断个人的缺点，错误地评价学生的行为。

第二节　英国职业教育质量评价研究

在英国的教育体系中，职业教育不作为教育的类别出现，它只被看作中等教育和继续教育中所包含的部分内容。在英国职业教育质量评价体系中，无论是职业院校内部的自我评价还是外部评价，都遵循英国教育标准局开发的统一评价标准，即继续教育与技能培训通用督导框架。

一、英国职业教育质量评价的发展路径

1833年英国政府放弃了对教育的一贯不干涉政策，1839年国会通过了设置政府教育领导机构——枢密院教育委员会的议案，它是第一个由国家监督和管理教育的机构，是英国教育从教会控制朝国家化方向发展的转折点。1839年底，两名皇家督学（艾伦和特曼赫尔）的任命，标志着英国教育督导制度的开端。从1839年第一次任命皇家督学至今，已经历了100多年的演变。在这个演变过程中，英国教育督导机构不断完善，经历了形成期、完善期和改革期三个阶段，到现在已经形成了一个比较成熟的教育督导体系，在教育事业中发挥着重要的监督、指导、评价和反馈作用，形成了一套科学的评价指标体系，以及具体的、可操作的评价方法。

（一）督导评价制度的形成期（19世纪30年代至20世纪80年代末）

1839年英国督导制度确立后，1870年英国历史上第一部教育法——《福斯特教育法》的通过，标志着英国开始构建国民教育制度。1902年颁布的《巴尔福教育法》，扩大了地方教育当局承担分级办学的责任和权力，形成了中央统一领导与地方分权自治相结合的教育管理体制。1944年通过的《巴特勒教育法》在英国教育史上具有时代意义，其确立了英国由初等教育、中等教育和继续教育组成的公立教育体系，使英国公立义务教育免费制度彻底确立。该法还宣布正式成立教育部，并进一步明确了皇家督学开展教育督导工作的内容、程序和要求，是英国现代教育督导制度全面建立的基础。至20世纪80年代，以《巴特勒教育法》为基础的教育督导评价制度已达到比较完善的程度，皇家督学主要从全国性和专业性的角度发挥作用，充当中央决策的“专业顾问”，联系沟通各伙伴团体和专业机构等，地方督导队伍则在地方教育当局提供各种教育服务的基础上，向学校提供了具体的指导和建议，监督地区的教育质量；学校仍拥有广泛的自主权，负责学校的内部管理。但随着社会各方面情况的变化，新要求的不断出现，督导评价制度所曾依据的基础逐渐发生了变化，这一变化的标志就是《1988年教育改革法》的出台，从此，教育督导评价制度的发展又进入了一个新时期。

（二）督导评价制度的完善期（20世纪80年代末至90年代末）

1988年英国进行了全面的教育改革，出台的《1988年教育改革法》几乎改变了整个英国教育体制结构，教育督导评价制度的改革也在此基础上拉开了帷幕，其标志是《1992年继续教育与高等教育法》的出台。这次对教育督导评价制度的改革，改变了督导机构的设置，中央教育督导机构实行改组，更名为教育标准局，并从原教育部中独立出来，成为一个与英国国家教育行政部门同级的、能单独行使职权的国家教育督导机构，以加强中央政府对全国教育质量的监控。为尽快开展新的督导工作，教育标准局随即发布了《共同督导框架》作为全国统一标准指导学校督导工作。这套办学质量指标体系共有33个质量指标，内容涵盖课程、成绩、学与教、给学生的支持、校风、资源与领导、管理和质量保证七大领域。同时以注册督学为核心的“督导团队”只有通过政府公开招标，并在中标后与教育标准局签订合同，才可以对相应学校进行督导。地方督导机构基本保持原样，另外增加了学校层面的督学。学校层面的督学实际上是一个由注册督学领导的私立督导小组，其成员包括注册督学、组团督学和外行督学。所谓注册督学是经过皇家总督学批准登记注册的基层督导人员，是能够领导一个小组对学校进行评估的专业人员。这个督导小组是私立的，有督导任务时注册督学临时组建，它和教育标准局是合同关系，不是隶属关系，没有固定编制，而且在这个督导小组中必须有一名外行督学，这样做的目的是保证督导的客观性和公正性。最后，督导小组根据实际情况撰写督导报告交给教育标准局。1996年在《1992年继续教育与高等教育法》和《1993年教育法》的基础上制定的《1996年学校督导法案》出台，规定所有学校必须自上次评估6年内至少接受一次评估。评估工作由注册督学领导下的督导评估团负责，评估结果必须提供书面报告。评价指标主要包含4个方面：学校效能、学生应达成的标准、学校的教育品质、学校的领导和管理。

《1998年学校标准与框架法》对英国教育督导评估的管理方法、实施细则、评估结果的应用及评估质量监控等都作出了明确的规定，是指导英国教育督导评估工作的法律依据和纲领性文件。同时以国家法令形式对学校督导作出了详细规定。

总体来看，自20世纪90年代开始，教育督导评价机制在逐渐发生变化，督导机构由以往强调监督、评价和实施的功能，逐渐转向激励、指导和服务的功能，并赋予学校更多的责任，强调学校自我发展、自我评估与改进，强调督导的问责与参与的广泛性。

（三）督导评价制度的改革期（20世纪90年代末至今）

随着《2005年教育法》的出台，英国教育标准局对督导评估的组织和运作方式进行了改革，根据《2006年教育与督学法》，自2007年4月起，教育标准局更名为教育、儿童服务与技能局，该法要求教育、儿童服务与技能局能够促进服务质量改进，确保服务关注用户利益，监察服务质量的效率和效能，提升物有所值的服务。

2009年，在《2006年教育与督学法》的基础上设立了《2009年继续教育与技能通用督导框架》用以指导对各类教育的督导，同时，2009年修订了《共同督导框架》，并指出改进学校是核心，建议给予学校采取自我改进措施的优先权；所有学校从目前3年1次的督导改为至少1年1次，评为优秀或良好的学校将6年接受一次全面检查；在公立学校自评已是一项行之有效的活动，为学校发展与改进规划提供基础。督导要考虑并促成每所学校的自评，要使政府大臣和议会始终了解学校工作，确保学校达成最低标准，有效使用公款，促进问责；督导要培养学校校长、教职员工与董事参与督导过程，以便于督导结果与判断能够被广泛接受，同时要搜集、分析并参考家长与学生的意见。2012年又修订了《共同督导框架》，同时出台了《2012年继续教育与技能通用督导框架》。与2009年版的评价标准相比，2012年的评价标准取消了“改进能力”这一项，因为“改进能力”在评价内容上与总体效能的评价有所重复。这些都表明英国职业教育评价标准注重发展性，在实践中不断完善。

二、英国职业教育质量评价体系

英国根据《2006年教育与督学法》设计了《2012年继续教育与技能通用督导框架》，并从2012年9月开始实施。该框架是英国职业教育质量评价的操作指南，指出督导的总体目标是评价教育与培训提供者满足学习者需求的效用和效率，与其他政府部门相统筹，以期进一步加快改进继续教育与技能的质量。主要目的是为英国用户提供关于教育机构质量的信息，帮助告知他们现在或未来所用的教育机构；通过识别优势和需要改进的领域，突出"好"的范例并指出教育机构进一步改善需要采取的步骤；向有关议会议员和其他利益相关方提供关于教育与培训质量的独立公共账目、达到标准以及资源有效管理的水平。为实现目标，督导发挥着重要作用，通过设定期望，在督导框架中设定标准和特性，在评价计划中指明期望的质量和效能；评价教育机构的有效性和准确性，增强其信心，并明确需要进一步改进的方面；为教育机构未来行动的优先次序提供建议，并适时检查后续进展；鼓励督导和教育机构高层领导及员工之间的建设性对话；评价教育机构自我评价的影响力和严密性，以提高其改善的能力；通过督导和调查报告识别可与业界分享的最佳做法等途径促进英国职业教育质量的改善。

督导和监管的原则反映了教育、儿童服务与技能局的价值观，并确保法定职责能够有效和高效地执行，着重于服务对象，即儿童、青少年、家长和照顾者、成年学习者和雇主等的利益，促进改善检查或管理服务，合乎经济效益，并充分考虑政策的平等与多样性。

（一）督导评价的标准

通用督导框架由督导对每一个教育和培训提供者进行检查时必须考虑的主要标准组成。检查者从合格和不合格中作出合适的判断。如果总体效能的评级不合格则该提供者被视为不合格。每个方面评价标准主要由两部分构成，即标准和等级特征，标准部分包括具体的指导性问题，有可操作性。

1.整体效能

整体效能的判断是基于教育机构有效和高效的满足学习者和其他用户需求的程度和原因。督导将使用所有可获得的证据对学习者的学习成果、教与学和评价的质量、领导与管理的效能三方面作出判断。具体的等级特征如下：

（1）优秀。学习者的学习成果、教与学和评价的质量、领导与管理的效能均为优秀。教育机构的教与学反映学习者的最高目标要求和教学人员所持的高标准。为持续改进，优秀的案例得到广泛应用。所提供的课程和学习项目与学习者的需求高度相关，满足了学习者的需要。教育机构推进平等与多样性，能够充分挖掘学习者的潜力。学习者在校期间拥有很好的学习经历，确保他们为下一阶段的学习、培训或就业作好充分准备。领导与管理发挥了表率作用。总体而言，教育质量和绩效有很大改进或保持了原有的优秀水准。

（2）良好。教与学和评价的质量至少是良好，学习者的学习成果、领导与管理的效能很有可能是良好，教育机构在某些方面达到优秀，采取有效行动使多数学习者达到学习目标。学习者学习态度主动积极，学习者的学习成果至少是良好。所提供的课程和学习项目与学习者需求相关。教育机构采取有效措施推进平等与多样化，从而有利于营造良好的学习环境。学习者在校期间拥有积极的学习经历，为下一阶段的教育培训或就业做好了充分准备。领导与管理发挥重要作用。总体而言，教育质量和绩效有很多改进，巩固了原有的良好绩效或在原有基础上有所改进。

（3）需要改进。教与学和评价的质量、学习者的学习成果、领导与管理的效能有待改进，教育机构可能采取了一些良好的实践做法，使所有学习者具备激发自己潜能所需的技能和个人品质。学习态度令人满意，但学习者的学习成果有待改进。提供的课程和学习项目与学习者的需求相关。推进平等与多样化，但在营造良好学习环境方面需要进一步改进。在校期间，学习者的学习经历总体是积极的，大多数学习者能进入下一阶段的学习、培训或就业。领导与管理所发挥的作用令人满意。总体而言，尽管仍存在一些不足，总体教育质量和绩效呈现出改进的趋势。

（4）不合格。符合下列任何一项，“整体效能”将可能被评定为不合格：学习者的学习成果不合格、教与学和评价的质量不合格、领导与管理的效能不合格，机构在平等与多样化推进工作中存在重大不足，损害了学习者获得成功的能力，安全保卫工作不符合法定要求。

2.学习者的学习成果

督导通过评价学习者的学习成果作出判断，包括：所有学习者在原有起点上取得进步并达到学习目标；不同群体学习者之间的成绩差距正在缩小；学习者的个人技能、社会技能和就业技能得到发展；学习的课程有助于获得更高级别的资格证书并找到满足国家和地方需求的工作。具体的等级特征如下：

（1）优秀。学习者和学习者群体学习目标实现状况很好，远远超出原有水平与预定目标。一些学习者在所在的学习项目和所从事的工作中取得突出进步。学习者学习成绩很好，获取知识很快，对于学习项目的各个方面理解很透彻。学习者的出勤率和准时上课率一贯良好。学习者能有效运用所掌握的技能和背景知识，包括个人技能、社会技能、英语和数学等关键技能以及实际职业技能，这些技能为他们进入下一阶段的学习、培训或者就业作好充分准备。学习者的证书通过率远远超过国家平均通过率。绝大多数学习者成功取得了更高级别的资格证书或顺利实现就业，满足了国家和地方的人才需求。

（2）良好。学习者和学习者群体学习目标实现状况很好，超出预定目标。大多数学习者在所在学习项目和所从事工作中的表现与原有水平相比，取得了进步。学习者能快速获取知识并理解领会，为下一阶段的教育培训或实现就业做好了充分准备。学习者的出勤率和准时上课率良好。学习者的各种技能得到发展并能实际应用，这包括个人技能、社会技能、英语和数学等关键技能以及实际职业技能。学习者的证书通过率达到或超过国家平均水平，那些学业成绩总体上比较落后的学习者群体在以超过国家平均水平的速度取得进步。绝大多数学习者成功取得了更高级别的资格证书或顺利实现就业，满足了国家和地方的人才需求。

（3）需要改进。学习者和学习者群体在实现学习目标方面取得了令人满意的进步。小部分学习者和学习者群体与他们的起点水平相比，取得的进步并不令人满意。学习者对大部分课程知识的掌握总体较好，没有发现重大不足。学习者获取了足够的知识与技能，为下一阶段的学习、培训或就业做好了准备。出勤率和准时上课率总体上可以接受。学习者能运用和发展一系列技能，包括个人技能、社会技能、英语和数学等关键技能以及实际职业技能。大多数学习者成功取得了更高级别的资格证书或顺利实现就业，满足了国家和地方的人才需求。

（4）不合格。符合下列任何一项，学习者的学习成果有可能被评定为不合格：根据原有的起点水平，学习者总体所取得的进步一贯低于国家平均水平；学习者的学习和作品质量很差，被发现存在重大不足；在为下一阶段的教育培训或顺利就业做准备上，学习者在学习的某些方面存在不足。出勤率和准时上课率总体很低；学习者未能充分发展和运用个人技能、社会技能、英语和数学等关键技能以及实际职业技能；获取更高级别资格证书或顺利实现就业的学习者人数很少。

3.教与学和评估的质量

督导通过评价教与学和评价过程所达到的程度作出判断，包括：学习者从教学人员的高期望、投入、关心、支持和激励中受益；教学人员利用自身的技能和专业知识规划并实施教学，为学习者提供学习支持以满足每个学习者的需求；教学人员以评价学习者的起点水平为基础，监控学习者的学习进程，设定具有挑战性的任务并且巩固和拓展学习者的学习；学习者从教学人员评价学习者的状况而给出的经常性、详细和精准的反馈意见中了解如何改进；教与学能够开发英语、数学和功能性技能，支持学习者实现学习目标和职业目标；适当及时的信息、建议和指导支持有效的学习；通过教与学促进平等与多样性。具体的等级特征如下：

（1）优秀。所有年龄阶段学习者的教与学和评价以及学习项目总体优秀。绝大部分学习者在各个阶段的学习，以及在不同场所的学习一贯表现很好并持续取得进步。

所有教学人员都善于与具有不同背景的学生打交道，并善于培养技能、传授知识。教学人员对所教的学习者持高标准并在一系列不同的教学环境中得到证实。教师、培训人员、评价人员和教辅人员利用自身具有的丰富专业知识或行业经验，在对学习者原有技能、知识和能力进行系统准确评价的基础上，为学习者设定具有挑战性的目标任务。他们利用正确且有想象力的教学策略，密切关注学习者并及时给予帮助和指导，很好地满足了学习者的需求。因此，学习者技能与能力的发展非常突出。教学人员对教学倾注极大的热情并对学习者的学习负责。教与学使学习者具备高度的耐挫力、自信心和自主性，能灵活处理有难度的活动项目。教师、培训人员和评价者通过教学会议有效检查学习者的学习情况。合理安排时间，每个机会都被用于成功培养关键技能，学习者能够将读写算技能运用到其他课程和工作之中。经常性的课程作业有助于学习者取得进步，高质量的教材和教育资源被教学人员和学习者所使用。教学人员对学习者的及时评价及建设性反馈激发了学习者高度的参与热情和兴趣。英语、数学和关键技能的教学一贯良好，多数表现优秀。教学人员激励学习者参与一系列学习活动。平等与多样性完全融合在教学实践中。

（2）良好。教与学和评价总体表现良好，有教学优秀的案例。所有教学人员能够培养学习者的技能、传授知识而不管其背景如何。学习者取得了很大进步。

教学人员对所有学习者寄予很高的期望，多数课程和学习项目的教学人员能对学习者原有的技能、知识和能力作出准确评价，有效安排教学活动并设定富有挑战性的目标任务。他们利用有效的教学与评价策略以及针对性的帮助与指导有效满足大多数学习者的需求。教与学总体上有助于培养学习者的耐挫力、自信心和自主性，学习者能灵活处理有难度的活动项目。教学注重加深学习者的知识掌握难度和理解力，发展学习者自主学习的能力。经常性的课程作业有助于学习者取得进步。教学人员经常对学习者的学习进度作出准确评价并与他们讨论评价情况，学习者知道自己做得怎样以及如何作出改进。英语、数学和关键技能的教学总体良好。教学人员激发多数学习者的学习动机，使他们积极参与一系列教学活动。教与学促进平等与多样性，同时还需要做一些工作使得平等与多样性和学习完全融合。

（3）需要改进。多数学习者和学习者群体进步水平大致与国家平均水平相当，在某些领域存在不足，如学习与评价方面。

教学人员与不同背景的学生打交道，注重知识的传授与技能的培养，效果令人满意。制定的教学目标使大多数学习者勤奋学习，取得了满意的学习效果。密切关注学习者的入门起点评价和学习进度跟踪评价，但实施过程并不总是足够的严格细致，导致学习者一些不必要的重复工作。活动安排对学习者来说不具有足够的挑战性。教学人员实施的旨在调整学习者学习计划的监控不够及时，影响了一些学习者的学习效果。英语、数学和关键技能的教学总体令人满意。教学中对平等的促进和对多样性的支持令人满意。咨询、指导和支持有助于激励学生在学习上取得进步和成功。

（4）不合格。符合下列任何一项，教与学和评价质量将可能被评定为不合格：薄弱的教与学和评价造成学习者和学习者群体的学习缺乏进展，未能实现他们的学习目标；由于教学人员一直对学习者没有高标准要求，教学未能激发一些特殊学习者群体的学习动机、学习兴趣和参与活动的积极性；教学人员缺乏相应的能力和专业知识促进学习者的学习；英语、数学和关键技能的教学效果差。大部分学习者未能获得相关帮助；教学活动和教学资源未能充分满足学习者的需求，学习缺乏进展；教学人员在教学工作中未能理解平等与多样性，对其支持不充分。

4. 领导与管理的效能

督导通过评价领导者、管理者应用和管理的程度各方面来判断领导与管理的有效性，包括：展示出雄心勃勃的愿景，对所有学习者能够取得的成绩寄予高期望，达到质量和绩效的高标准；通过严格的绩效管理和适当的专业发展来改进教与学；通过健全的自我评价来评价提供的质量，充分考虑用户的观点，并运用评价结果来促进和发展可持续改进的能力；成功地规划、建立并管理课程和学习方案，以满足学习者、雇主、地方和国家的需要和利益；积极促进平等与多样性，解决欺凌和歧视问题，缩小成绩之间的差距；

保障所有学习者的安全，具体的等级特征如下：

（1）优秀。教育机构的所有活动都证明其一直在追求卓越：通过创新适应地方和国家需求；毫不动摇地坚持学校发展战略、不断改进绩效；所有学习者的学业成绩保持在最高水平。所有领导与管理人员对全体学习者都有高期望。领导与管理人员对本机构绩效的所有方面负责。院校的改进行动以院校的自我评价为基础。教与学和评价表现优秀或至少一直以来表现良好。领导与管理人员不断采取措施持之以恒地加以改进。高度严格的绩效管理鼓励并支持教师不断提高自己，促进教师的专业发展。教育机构制定的成功策略使学习者、雇主和家长共同为学习者谋利益。课程、教学项目、招生都经过周密筹划并得到很好执行。教学项目与学习者的需求符合，满足了地方和国家的需求。教育机构对安全保卫的工作安排符合法定要求，对学习者的潜在危险进行妥善处理。积极推进平等与多样性，对学习环境中的恃强凌弱和歧视现象决不容忍。各类学习者群体间不存在成绩差距。

（2）良好。领导与管理人员一直在传递有关高期望和高要求方面的信息，领导与管理人员对教育机构的绩效负责。通过有效的绩效管理与专业发展，院校树立了良好的实践典范；领导与管理人员努力工作，不断对教与学和评价实施监控并提供帮助、促进改进；教与学和评价不断得到改进，表现良好。学习者、家长和雇主与教育机构的关系良好，其意见对机构改进有明显的影响力。课程和学习项目计划周详，为各类学习者提供机会，满足了地方和国家的需求。教育机构对安全保卫工作的安排符合法定要求，危险得到妥善处理。

（3）需要改进。领导与管理的许多方面需要改进，领导与管理人员有能力进行必要的改进。管理人员收集可靠数据并有效地用于改进教育质量。虽然还存在少数不足，但在学习者的学习成果以及安全保卫上的一系列改进证实了院校的改进能力。学习者、家长和雇主与教育机构的关系总体良好，他们的意见也用于自我评价。课程总体上与学习者的需求、兴趣与目标相符。然而一些课程领域不能满足学习者的需求。教育机构对安全保卫工作的安排符合法定要求。平等与多样性得以广泛推广，没有发生严重的恃强欺弱和歧视事件。各类学习者群体间的成绩差距逐步缩小。

（4）不合格。符合下列任何一项，领导与管理效能就有可能被评定为不合格：领导与管理人员不能确保作出必要的改进，教育机构的改进能力有限；学习者的学习成果不合格或没有提高；领导与管理人员没有采取有效措施确保良好的教学效果；自我评价未能严格落实，不能作出准确评价；虽然对少数细小领域进行了修正但自我评价无效，几乎没有改进或速度过于缓慢，或过多依赖外部力量；监管不力，未能使教育机构对教育质量负责；课程设置不到位，使得学习者缺乏选择，学习项目缺乏连贯性，不能满足学习者、地方和国家的需求；机构的策略不能使学习者、家长与雇主积极参与，因而不能对自身的改进和转变产生影响；教育机构对安全保卫工作的安排不符合法定要求；未能推进平等与多样性，歧视现象没有得到处理，各类学习者群体间的成绩差距没有缩小。

（二）督导评价的流程

英国督导评价的流程如图4–4所示。

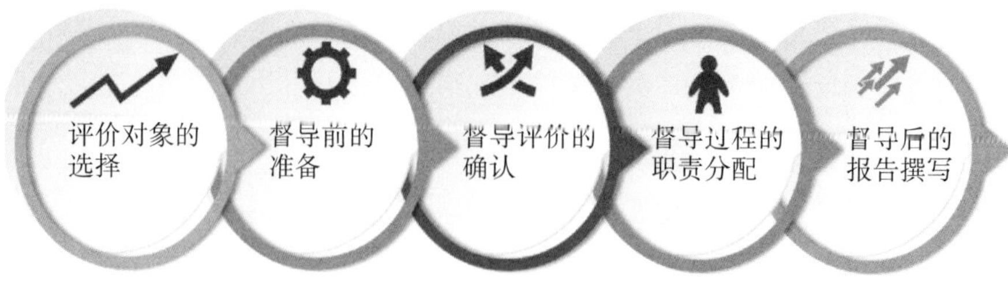

图4–4　英国督导评价的流程

1.评价对象的选择

分为两阶段：第一阶段是基于公开可用数据自动分析的教育机构评价；第二阶段是明确需要进一步分析的教育机构，并由皇家督学向该机构发出案头审查的通知。下一年将使用广泛的指标来选择参与督导评价的教育机构：包括教育机构以前的督导记录；自我评价报告；过去3年及以上发展趋势的绩效数据；领导者的变化；通过在线问卷调查获知的资金提供方、雇主、家长和照顾者或学习者关注的对象；教育机构的类型和学习者数量有显著变化等。

2.督导前的准备

督导负责人将设计督导计划以确保从学习者和督导活动中最大限度地收集到第一手资料。督导团队需要尽可能捕捉多种形式的学习，以保证良好的教与学和评价的判断。

（1）督导方法的选择。虽然对教学、培训和评价的观察是证据的主要来源，但学习和评价检查的其他方法同样重要。因此，督导负责人将安排其他活动，如：观察评价并审查进度；与学习者群体进行讨论；仔细检查学习材料和评价是如何促进质量的，并运用技术手段与学习者沟通；通过学习者现场演示的方式对他们的工作进行讨论；案例研究；影子评价员评价；在职培训评价；在工作场所由学习者展示其职责与技能。督导团队还要安排检查学习者工作的质量以及督导团队如何参与学习者的任务。督导团队将计划访问一定数量的教育机构的人员，如果可能，将督导成员分组与学习者共同学习或参与评价活动。督导团队可以采访学习者和雇主，讨论他们的学习计划或学习档案，如有可能将采用技术手段来访谈。

（2）督导材料的准备。督导团队首先需要确定督导活动的主题，由学科领域的督导成员提出应准备学习者成果的佐证材料，以及需要增加的重要的其他主题。

督导负责人向教育机构和督导团队其他成员以信函形式提出督导初步评价需要用到的信息资料：教育机构最新的自我评价报告、教育机构包括分机构的开发/质量改进计划；绩效数据包括注册入学的学习者数据、成功率、任何可用的增值数据、目标数据和就业率等，如有可能则提供近3年教育机构的绩效报告；通过网上问卷调查得到的来自学习者、家长、雇主的反馈信息；以前的督导或再督导报告；教育、儿童服务与技能局开展的任何主题或方面的调查报告；由教育、儿童服务与技能局开展的任何监测报告；教育机构希望引起督导团队注意的任何附加信息。

督导团队将选择督导过程中可以看到的学习活动、学习者和雇主。学习者和雇主的选择取决于以下因素：网站的数量、分机构数量、教育机构与资金资助机构的合同价值、学习者的地理分布、学习者的人口统计学量值。

通常，当教育机构依据调查结果进行判断和改进时，督导所发挥的作用最大。每个教育机构都被邀请提名一位资深成员作为与督导团队沟通的主要联系人，即被提名人。为了帮助督导制订计划，教育机构被提名人将提供团体和个人学习期间的课程安排表，包括督导过程中在教育机构和雇主经营场所发生的教学过程、评估和审查的时间安排等。督导通常不会指出他们准备巡访的具体课程等。任何计划的督导活动的重点必须是在教与学和评价上。学科领域的督导活动将根据教育机构的不同而有所差异。如果教育机构提供A等级的教学、学徒制学习和社区学习等混合教育形式，督导负责人或学科领域督导将参与计划的全过程，包括选择/抽样学习者以参观他们的工作场所；尽可能识别外部的场地和子机构，以便对辅导、评价、反馈或回顾以及可能的教学环节进行观察；识别他们可能想要在主要网站上访问但不告知教育机构被提名人的一些课程；确定希望被用于案例研究的学习者。

为了协助这个过程，教育机构被提名人将提供参与督导计划的教师成员信息以及督导过程中学习者的名单，包括不是在教育机构主要站点学习的学习者和得到了额外学习支持的学习者等。教育机构被提名人应确定哪些学习者不适合，或对某个学习者或雇主的选择会产生重要影响。然而，督导团队有权访问任何学习者或雇主，并可能取消或增加计划的访问，以确保能收集到适当的佐证材料。

督导团队将需要观察完整的工作过程，识别特定学习者的工作，询问所有学习者目前的工作，从一个特定的方案或一组学习者中获得工作样品等。督导负责人会与教育机构被提名人协商找到能确保学习者工作正常化的最合适的方法。

（3）初步评价。督导团队会充分重视教育机构的自我绩效分析和评价，在初步评价中考虑这些因素来确定督导的主题以及督导的部署和计划，同时会与教育机构讨论，最终确定督导活动方案。

3.督导评价的确认

所有类型的督导评价实施前两周会通知教育机构，当学习正在进行时，督导评价可以发生在一年中的任何时间。督导服务人员要与教育机构联系，并通过电子邮件通知其参与督导活动。督导服务人员在上午8：30—10：30之间与督导负责人联系以确认督导活动。督导负责人通常会在中午12点给教育机构打电话确认督导安排并开始实施督导过程。

4.督导过程的职责分配

督导团队将由关注通用督导框架学习者的学习成果、教与学和评价质量、领导与管理效能等核心部分的督导人员，即核心督导人员和对提供的工作样本进行检查的学科领域督导人员组成。

学科领域督导人员将重点放在教与学和评价质量以及学习者的工作质量

上，加入督导团队通常不到一周的时间。督导负责人将决定确切的退出时间。督导负责人和团队将在由被提名人出席的分级会议上协调学科领域的评价意见。离开教育机构之前，学科领域督导人员会将证据表单、督导结果总结和学科领域教与学和评价质量相关的文本交给督导负责人。

核心督导人员将从多种来源收集判断的依据，包括学科领域督导收集的有关核心问题的证据、会议、观察和学习者的工作、学习者和教学人员讨论和测验的证据等。督导负责人将确保等级和判断是建立在全方位督导证据的基础之上。督导时间的安排将主要用于收集第一手证据。督导负责人确保搜集到足够证据，以便判断教育机构的安全性和可靠性，所有督导人员在证据表单上记录了证据。教育机构的主要判断由核心的督导团队共同完成，教学人员能够收到督导人员观察和分级的任何关于教学、培训和评价的有效信息和有用的反馈，被提名人与其他相关个人，包括学习者代表能够收到关于教育机构整体效能的有效反馈信息和督导过程中的主要结论。

被提名人可以通过参加督导过程中收集证据的讨论，确保所有适当的证据都被考虑到，而督导的进展报告也会反馈给教育机构的工作人员。被提名者应对教育机构，包括子机构的项目和实施过程有详尽的理解，在督导前、中、后能够确保各级工作人员充分高效的合作。被提名人还需要为参与督导过程接受专门的培训。被提名人应当尊重所有团队成员共同约定的保密事项。被提名人的责任包括向督导负责人提供制订督导计划的相关信息、简单描述教育机构人员对督导的安排、告知所有学习者和雇主关于督导的信息、参加团队会议，包括最后协调评价的会议（被提名人不得参加直接与分级决策相关的讨论）、协调反馈督导期间和之后的安排、协助督导负责人及其团队使用教育机构的设施，保证教育机构人员能如期参加会议，并为督导人员提供必要的文件。

虽然参与督导的督导人员数量将根据教育机构不同的规模和性质进行调整，但一个全面的督导通常会持续3至5天，监测访问将根据访问的范围和教育机构规定具体展开。

5.督导后的报告撰写

离开教育机构前，督导负责人应确保教育机构明确通用督导框架下每个判断标准所获得的等级；确定的等级有可能会进行调整；反馈中的要点均在报告文本中提及；主要的评价结果、需要改进和改善的建议；报告公开的流程；投诉的程序。

督导后，督导负责人会撰写督导评价报告来简要概述督导过程中发现的问题。报告的一部分是针对教育机构的，另一部分是针对学习者参加课程学习或在教育机构的学习计划。督导后由督导负责人向督导服务机构提供第一份草案报告。督导服务机构编辑报告，然后将报告发给教育机构进行事实准确性的检查。教育机构须在2个工作日内提出草案修改意见。督导负责人针对教育机构提出的任何不准确的建议进行必要的修改。适时咨询高级皇家督学。如果教育机构的整体效能是“优秀”或“不合格”，报告还需提交一名高级皇家督学进一步审查。这将包括：审查佐证材料的基础以确保判断的可靠性；检查报告中的数据以确保其准确性并正确地反映在评价等级中；详细阅读报告文本以确保所有等级都能在报告中找到佐证材料。最终督导评价报告通常在督导结束后25个工作日内公布在教育、儿童服务与技能局的网站上。

第三节　澳大利亚职业教育质量评价研究

澳大利亚国家培训框架（NTF）由澳大利亚质量培训框架（AQTF）、澳大利亚资格框架（AQF）和培训包（TP）三部分构成。作为澳大利亚职业教育与培训质量评价的标准体系的AQTF包括注册培训机构（RTO）的基本标准、州及领地负责注册事务的机构的标准，以及优秀标准等三个部分。澳大利亚对职业教育与培训的质量评价指标是按照基本标准中的三个质量指标、优秀标准，以及RTO持续注册标准为依据而设置的。

一、澳大利亚职业教育质量评价的发展路径

19世纪80年代末，澳大利亚各州和领地为了满足工业对人力的需求，开始发展职业技术教育和学徒体系。技术与继续教育（TAFE）体系成为最初的澳大利亚职业教育与培训的国家体系，并使TAFE与澳大利亚高等教育形成了一种既全线贯通又彼此独立发展的新型关系。进入20世纪90年代，澳大利亚职业教育与培训更加系统化、制度化的同时，澳大利亚政府也加大了对职业教育与培训的全国性调查与评价，主要体现在建立了国家培训框架（NTF），使全国职业教育与培训体系得到进一步的完善。其中，NTF中的澳大利亚质量培训框架（AQTF）为职业教育的开展和评价提供了全国统一的标准体系，使得澳大利亚对职业教育的质量评价有据可依，并达到规范化、标准化水平。

（一）澳大利亚职业教育质量评价的产生背景

澳大利亚职业教育与培训是在经济和人口变化的背景下发展起来的。20

世纪80年代中期，澳大利亚经济发展相对落后，特别是其工业发展在国际市场缺乏竞争力，问题的根本归结于各行业劳动者的技能不够完备。政府逐渐意识到要想在国内外市场中更具竞争力，必须进行根本性的改革。

在这样的背景下，澳大利亚进行了全面的职业教育改革，突出了行业在职业教育与培训中的主导地位，促进地方注册培训机构的发展，不同的注册培训机构负责不同行业技能的培训。进入20世纪90年代以后，澳大利亚不断改革职业教育体系，使之更加系统化、制度化，其中评价占据了重要的地位。澳大利亚有一套科学规范的职业教育质量评价体系，在提升职业教育质量中起着至关重要的作用。

（二）澳大利亚职业教育质量评价体系的形成

澳大利亚在改革职业教育的过程中，逐渐形成了一套完备的职业教育质量评价体系，在这个评价体系中，具有多层级的评价标准、多样化的评价形式、多轨化的评价机构，以及多角度的评价主体。特别是澳大利亚建立了国家培训框架（NTF）之后，为其职业教育质量评价提供了一套完整的评价标准体系，并依据具体的评价标准形成了具体的质量评价形式。

在澳大利亚职业教育质量评价体系中，各州注册的职业教育培训机构每年会定期接受国家质量委员会的检查，除了对机构进行审核之外，各州的教学评价机构还通过对毕业生的追踪调查，以及根据已上岗毕业生的用人单位所提供的考核情况对注册培训机构提供的职业教育质量进行考核。澳大利亚职业教育质量评价以国家培训框架（NTF）为依托，以澳大利亚质量培训框架（AQTF）中的多层级标准为评价标准，形成了一套完整的职业教育质量评价体系，具体包括三种形式的评价：根据三个质量指标，通过对学员、雇主和注册培训机构进行问卷调查和电话访谈进行的质量评价；根据持续注册标准对注册培训机构所提供的培训包和证书进行国家战略行业审计；根据优秀标准对表现出色的注册培训机构进行更为严格的考核。这三种主要质量评价形式对各州开展的职业教育与培训进行了更好的质量把关，确保了澳大利亚职业教育学校与机构提供更优质的职业教育与培训。

二、澳大利亚职业教育质量评价的体系

澳大利亚政府始终将教育质量的提升作为衡量教育发展的主要考量目标，正是这样的思考，促进了澳大利亚对职业教育质量进行评价的教育行为的诞生。澳大利亚的职业教育质量评价更注重立足本国的实际教育教学环境，以及国家各行各业对受教育者的需求情况，在相关法律政策的引导下，形成了以国家培训框架（NTF）为依托的职业教育质量评价体系。国家培训框架由澳大利亚质量培训框架、澳大利亚资格框架和培训包三个部分组成。澳大利亚职业教育质量评价体系中的不同评价形式主要依据AQTF中的具体标准而形成。

澳大利亚质量培训框架（AQTF）作为澳大利亚职业教育质量评价的标准体系，使注册培训机构的办学质量监控指标得以量化，并形成了全国统一的办学质量保障体系。它包括针对负责注册事务的机构提出的标准、对注册培训机构提出的注册基本标准以及为注册培训机构（RTO）进一步提出更高水平的优秀标准。这三部分标准构成了全国统一的职业教育质量评价的标准体系。

在澳大利亚质量培训框架（AQTF）中用于职业教育质量评价的标准主要有以下两个：

（一）注册培训机构（RTO）的基本标准

注册培训机构（RTO）的基本标准分为最初注册的基本条件和标准、持续注册的基本条件和标准，以及质量指标三种。具体来说：

（1）最初注册的基本条件和标准，指的是申请机构必须满足规定的标准才可以进行注册、提供国家认证的培训，以及颁发全国认可的资格证书。它包括9项注册条件和3项基本标准，这些条件和标准关注的是注册机构在提供高质量培训和评估服务方面所做的准备和所提供的相关策略。

（2）持续注册的基本条件和标准，包括9项注册条件和3项标准，但它与最初注册所规定的基本条件和标准的具体要求是不一样的。最初注册标准关注于注册培训机构对职业教育开展的相关策略，持续注册标准更关注于RTO在相关策略方面的实施情况。

（3）质量指标是指在澳大利亚质量培训框架（AQTF）2010中规定的3个质量指标，它们作为辅助RTO进行质量评价时证据的收集和进一步提高其质量的依据，同时帮助RTO对其运作风险进行评估。这3个指标通过了国家质量委员会或它的下属机构的认可，它们分别是：

①学习者参与度。该指标关注的是学习者参加教育与培训的范围、他们所获得的高质量职业技能、他们对自身能力发展的看法，以及他们从RTO那里得到的支持。

②雇主满意度。该指标关注雇主对学习者能力发展的评价、学习者参加的培训与工作所需能力的相关性，以及对RTO培训的总体质量的评价。

③能力完成情况。该指标主要是对RTO在上一个年度的资格证书和能力单元注册及完成情况的统计。

（二）注册培训机构的优秀标准

优秀标准是为了使RTO达到澳大利亚劳动力和行业所提出的高水平的质量要求而设计的激励标准。它主要用于RTO进行自我评价，以及通过申请外部评价得到国家对其办学质量的正式认可。优秀标准主要包括5项标准：领导能力、学习与评价、人力发展、关系管理、综合的信息管理。在每项优秀标准下又包含了不同的元素，每个元素为RTO进行质量评价以及继续提高办学质量提供了更加详细的标准。

三、澳大利亚职业教育与培训质量评价的运行

由于澳大利亚各州执行统一的国家培训框架，所以在对职业教育与培训的质量评价方面有统一的评价，即各个州及领地根据澳大利亚质量培训框架（AQTF）2010中的标准进行相应的质量评价。其中，依据持续注册标准和3个质量指标进行评价是对RTO更高水平的审查和认证，这样使用多种统一的标准不仅保证了职业教育质量评价在澳大利亚范围内的一致性，也使得对RTO的质量评价更加全面。此外，在质量评价过程中，国家质量委员会起到一个统领的作用，主要表现：在以3个质量指标为依据进行的质量评价中，国家质量委员会根据质量指标设计了相应的调查问卷，对雇主和学习者进行调查；在以优秀标准为依据进行的质量评价中，国家质量委员会对由评估小组撰写的审计报告进行审核，并对RTO给予质量合格或杰出表现的认证；在以持续注册标准为依据的质量评价中，国家质量委员会主要负责对国家战略性行业审计项目提出最终的审计报告，并提出可行性建议。下面分别介绍以3个不同的标准为依据进行的质量评价。

（一）以3个质量指标为依据进行的质量评价

这种质量评价主要通过两种方式进行评价数据的收集，分别是对雇主和学习者进行问卷调查，以及RTO通过调查管理、分析和报告工具将自己上一年度的能力完成情况录入能力完成情况网上操作系统，通过对这两种方式收集到的数据进行分析并生成报告，最终形成总结报告，由负责注册事务的机构依据总结报告进行风险评估。

1.雇主问卷调查

雇主的调查问卷是根据澳大利亚质量培训框架（AQTF）2010中雇主满意度质量指标而设计的，由RTO发放给那些参与国家认证培训学员的雇主，通过问卷中的数据获得雇主对学员能力发展、实际工作能力，以及对RTO整体的培训和评估质量的评价。对雇主进行调查是将商业分析、调查管理及教育性反馈结合在一起，最终实现继续提高培训质量的目标。它包括雇主调查问卷的发放、对数据信息的收集、对雇主反馈的回应等环节。

2.学习者问卷调查

学习者的调查问卷是根据澳大利亚质量培训框架（AQTF）2010学习者参与度这一质量指标设计的。该指标重点关注学习者是否参与了能够提高自身技能的活动，同时它关注学习者对自身能力发展的质量评价，以及自己从RTO那里得到的支持看法。从学习者那里收集到的数据，可以帮助RTO评估他们的行为表现是否符合澳大利亚质量培训框架（AQTF）2010中提出的基本注册标准，同时这些数据能够帮助RTO明晰如何能够在未来获得持续地提高、如何确保RTO提供高质量的培训、如何在评估中坚持相应的原则，以及如何对委托人、员工和股东的需要作出积极响应。学习者问卷调查和雇主问卷调查的实施过程基本类似，包含了调查学员的选择、问卷的使用、调查的实施和数据的分析等。

3.能力完成情况网上操作系统

RTO可以通过能力完成情况网上操作系统将有关能力完成情况的且符合相关要求的数据进行提交，提交的截止日期是每年的4月28日，提交完毕后由国家职业教育研究中心将数据上传到网上系统。数据上传到网上系统之后，RTO需要在网上操作系统中生成一份有关自己机构的报告，最终将其与问卷调查得到的数据一起提交给州及领地负责注册事务的机构进行风险评估。

各州及领地负责注册事务的机构利用RTO提交的总结报告进行的风险评估分为两个阶段：一是根据行为风险指标进行风险评估。该指标主要关注每个RTO在培训方面的行为表现，包括了RTO审计合格以及被投诉的历史，它决定了一个RTO的风险率，负责注册事务的机构会根据风险率对RTO作出高、中、低三个风险等级评价；二是根据补充的风险指标进行的评估。这一指标包括决定审计的范围及时间安排等两个部分，它主要是针对指定的资格证书、能力单元及RTO的操作和管理背景进行评估。

（二）以优秀标准为依据进行的质量评价

优秀标准不同于注册的基本标准，它所包含的五项标准对RTO提出了更高的要求，每一条标准都可以通过以下信息对行为表现进行评估：所达到的行为目标、将可比较的机构作为标杆进行比较、数据显示有继续提高的趋势、有效的行为实践案例、具有可持续发展能力的证据。优秀标准为RTO提供了描述行为表现的质量框架，同时帮助RTO确定自身机构的优势及好的实践行为。依据优秀标准所进行的质量评价是对RTO执行的更为严格的考核，通过该质量评价所获得的质量合格与杰出表现的认证更是对RTO在职业教育与培训方面较高水平的认可。依据优秀标准进行的质量评估包含以下两个阶段：

1.依据优秀标准而进行的自我评价

优秀标准为RTO提供了对本机构的教育培训质量进行内部评审的依据，通过自我评价最终达到进一步提升办学质量的目的。完整的自我评价记录本身就提供一个有关RTO如何根据每条标准开展工作的简单介绍，同时汇总了全面有效的证明资料。

RTO进行的自我评价应包括以下内容：①根据终极目标而开展的具体

行动以及已经取得的真实成果；②向世界级高水平发展的提升趋势；③与在某个行业杰出的实践者进行的比较；④优秀的实践和杰出表现的典范。通过自我评价所进行的行为测评，不论是质量上还是数量上，大部分都是由RTO自己实施的。但是为了增加评价结果的效度，还可以通过从其他相对独立的机构中收集些外部信息，如其他RTO机构对该机构的认可的方式来实施。如果RTO想把所进行的自我评价进一步变成一份依据优秀标准进行的外部评价的申请，那么需要RTO写一份不少于20页的申请。

2.依据优秀标准进行外部评价以获得正式认可

在自我评价基础上进行的外部评价，其目的是让RTO自身能够获得正式的国家认可。由于澳大利亚质量培训框架（AQTF）质量评价的标准具有连续统一性，所以当一个RTO满足了注册的基本条件获得注册之后，可以继续依据优秀标准，通过外部评价的方式，为机构的办学质量争取到一个正式的国家认证。

外部评价是一个由独立的评价者组成的评审小组对RTO各个方面进行审查的一个过程。在外部评价过程中，评价者会对RTO运作的方法、这套方法是如何依据优秀标准在整个机构内实施的，以及机构为继续提高水平所采取的策略进行考察。当澳大利亚质量培训框架（AQTF）的管理者根据优秀标准审核通过了RTO所提出的外部评价的申请后，就会组建评价小组对RTO进行外部评价。通过该审核过程，高水平的RTO会获得质量合格或具有杰出表现机构的称号。

获得质量合格或具有杰出表现认可的RTO会被邀请分享他们在依据优秀标准进行职业教育培训中的优秀表现，并将其优秀表现作为RTO之间互相学习的优秀案例放入“优秀实践数据库”中，其他没有获得认证的RTO可以对这些优秀案例进行讨论，同时进行经验的分享与交流。

（三）以持续注册标准为依据进行的质量评价

澳大利亚严格的职业教育体系决定了学习者只有达到所注册的资格证书所要求的知识和技能水平，才会获得该等级的资格证书，所以对资格证书的质量评价是保证职业教育质量的有效途径之一。由国家质量委员会（NQC）主持进行的国家战略性行业审计是一项针对全国范围内的RTO进行的抽样审计，旨在对RTO传授和颁发的某个行业部门的资格证书和所进行的成就陈述进行审查。国家战略性行业审计主要分为两个阶段：第一阶段通过对RTO和雇主的抽样调查以及对学习者的访谈收集相关证据；第二阶段是对所收集到的证据进行全方位的分析，并分别对短、中、长期的行动提出可行性建议。

1.国家战略性行业审计的评价标准

国家战略性行业审计所依据的质量评价标准是澳大利亚质量培训框架（AQTF）2010中提出的RTO持续注册标准中的部分标准，这些标准为该质量评价的顺利进行提供了相关的依据。具体有：

（1）RTO收集、分析相关数据，用于进一步提高培训和评价的质量。

（2）培训和评价的策略要符合相关培训包或认证课程的要求，同时策略的选择要与相关行业进行商讨。

（3）RTO所使用的设备、培训和评价的材料以及选定的员工要与培训包或认证课程的要求相一致。

（4）培训和评价由具有以下素质的培训者和评价者进行：一是具备国家质量委员会（NQC）或其下属机构规定的必要的培训和评价能力；二是具有相关的职业能力；三是能够展示出与目前从事的培训和评价直接相关的行业技能；四是能够不断丰富相关的职业教育与培训的知识和技能。

（5）包含了对先前学习的认可评价，应该满足培训包或认证课程的相关要求，根据评价原则和证据标准进行评价，符合工作场所及相关管理规定的要求，得到全面、系统地确认。

（6）委托人在注册和签订协议之前，RTO要告知他们相关的培训、评价和所提供的支持性服务以及他们的权利和义务。

（7）与学习者的培训和评价相关的雇主及其他团体要参与培训与评价的开发、传授和监控活动。

（8）学习者最终获得符合他们需要的培训、评价和支持性服务。

（9）RTO对他们所提供的培训和评价进行监控，以确保其符合质量培训框架（AQTF）持续注册的条件和标准所提出的各个方面的要求。

2.国家战略性行业审计的审计过程

国家战略性行业审计是在质量评价行动小组的指导下进行的，并且得到了国家质量委员会（NQC）秘书处的技术与职业教育培训部门支持；同时国家质量委员会（NQC）委派西澳大利亚州的教育服务部对国家战略性行业审计进行协调，并组建指导委员会对国家战略性行业审计进行监督，同时组织召开国家战略性行业审计的研讨会，并负责将审计报告的草案提交给质量评价行动小组进行修正。

（1）组建指导委员会，确定审计的范围。国家战略性行业审计是对某个行业的资格证书进行的全国范围内的审计，它是针对各州和领地的所有提供该证书培训的RTO进行的，同时在评价之前会从该证书所要具备的核心能力中选择几个有代表性的能力作为审计的重点。

（2）对提供所要评价的证书的RTO进行调查，获得目前与该证书相关的所有活动资料。

（3）各州和领地负责注册事务的机构选取审计的样本。样本抽样时所依据的标准：首先，要选取的RTO应是不同类型的，并且以不同方式进行该证书的培训，同时要考虑到RTO的风险率、上次审计的时间，以及之前审计的结果等因素。

（4）举行有关审计的研讨会。研讨会主要包括六项议程：①对审计背景的简短介绍；②对所要评价的证书的综述；③对审计项目的陈述与讨论；④商讨国家战略性行业审计的原则；⑤审计工具和过程的讨论；⑥讨论与国家战略性行业审计的评价标准相关的活动。

（5）进行雇主调查。

（6）对RTO进行审计和学生访谈。

（7）准备州和领地的调查报告。

（8）准备用于商讨的审计报告草案。

（9）与指导委员会进行商讨，对报告草案进行审查。

（10）由指导委员会将审计报告草案提交给质量评价行动小组进行修订并给予反馈。

（11）质量评价行动小组将报告提交给国家质量委员会（NQC）进行审核。

（12）对国家战略性行业审计的实施进行评价，并最终形成审计报告，该审计报告包括对调查结果的分析和可行性的建议两个部分。

（13）公布审计的结果。

第四节　美国职业教育质量评价研究

质量评价是美国职业教育质量管理的核心。美国职业教育质量评价经历了目标明确、特色鲜明的发展路径，形成独特的管理和运行机制，在中等和高等层次形成了系统的职业教育评价体系和评价方法。

一、美国职业教育质量评价的发展路径

美国职业教育质量评价始于联邦政府对职业教育的支持。联邦政府对职业教育提供经费支持，并对职业教育绩效进行问责和评价。自1917年《史密斯-休斯法》颁布以来，美国职业教育质量评价经历了“注重投入 — 侧重结果 — 重视标准”的发展路径。

（一）发展职业教育阶段，注重基本投入的考查（1917—1963年）

美国独立后，先后建立了机工学校和农业学校。1862年颁布的《莫雷尔法案》对美国职业教育的迅速发展产生了重要影响。1917年《史密斯-休斯法》颁布后，美国职业教育迅速发展，全国职业教育体系逐渐形成。在职业教育发展早期，政策的主要目标是鼓励职业教育发展，建立职业教育和培训机构，加强基础设施和师资队伍建设，各州明确了对职业教师资格、教学设备、每周教学时数的最低要求。这一时期职业教育在问责要求上更注重“投入”，评价的主要内容是职业教育发展的范围和基本要求满足情况。

（二）改进和扩大职业教育阶段，强调职业教育结果的测量（1963—1990年）

1963年美国《职业教育法》[①]颁布，开始确定并系统考查职业教育的结果。《职业教育法》要求对当地职业教育项目定期评估，开始关注职业领域的相关问题，要求考查职业教育项目的劳动力需求和工作计划。1968年

① 编者注：美国联邦政府于1984年对1963年《职业教育法》进行修订，更名为《卡尔·帕金斯职业教育法案》，并于1990年、1998年和2006年对该法案进行调整与修订，最终形成现行的《卡尔·帕金斯生涯与技术教育法案》。

《职业教育法修正案》在确定结果方面采取了进一步行动，强调职业教育的主要目的是为学生提供真实工作中所需要的具体技能，而不仅仅是一般的手工艺学习，从而明确了职业教育的目标不是片面迎合劳动力市场的需求而是致力于促进个人素质的全面发展。1976年《职业教育法》进一步加强了对结果的关注，更加关注各阶段目标实现情况，规定其所委托的地方项目评价应该考查完成和放弃项目的人。20世纪80年代，职业教育的结果导向更加明确。1984年《卡尔·帕金斯职业教育法案》明确规定了进行项目效果评价，如所要接受的职业培训、要实现的技能水平等，“在绩效结果中将使用基本的就业能力，从而反映雇主的就业需求”。

（三）重视学术质量、培养必要技能阶段，重视绩效标准的达成（1990年至今）

1990年，国会修正了《卡尔·帕金斯职业教育法案》，要求各州在1年内提出一个全州统一的核心标准和测量措施，确定学生要达到的结果。法律规定，标准必须最少包括两类结果测量。第一类是对学习和获取能力的测量，包括学生在基本技能和高级学术技能方面的进步。第二类是对下列一个或多个内容进行测量：工作技能的获得或提高、学校保有率或中等教育完成情况、工作安置情况、额外培训或教育或军事服务。通过强调学术教育与职业教育的结合，国会对联邦政府职业教育政策提出了新的要求，其目的是使接受职业教育的学生和其他学生一样拥有相关专业的学术性知识和技能，为他们未来的工作和学习做好充分的准备。

1990年《卡尔·帕金斯职业教育法案》标志着联邦政府问责制度的重大转变，法案明确地将州的评价过程与地方基于结果的标准检验结合在一起。从1993年开始，每个接受该法案基本拨款支持的地方都必须使用全州统一的核心标准和测量措施来评价职业教育项目每年的执行效果，未达到标准的必须制订“项目改进”计划，明确未来几年将要进行的改革。

1998年《卡尔·帕金斯职业教育法案》继续强调基于标准的质量评价，该法案考查的重点内容是职业教育中学术标准和职业标准的作用、对学生学业和技术水平的影响、政策在促进实施有效项目研究中的作用。2006年《卡尔·帕金斯生涯与技术教育法案》进一步明确了对标准的要求，通过经费支持各州建立职业教育质量标准体系，从州、地方、学校到课程和课堂教学，对职业学校和职业教育的教师均提出了相关的考查要求。这种基于标准的质量评价体系有利于提高职业教育的教学质量，促进普通教育和职业教育的融合，提高职业教育项目毕业生的就业率和升学率，为学生获得高技能、高工资、高需求的职业提前做好准备。

综上所述，美国职业教育质量评价的发展路径表明，职业教育质量评价随职业教育的发展不断完善，既与职业教育的政策目标保持一致，也遵循“从规模到效益”“从形式到本质”的过程，从而确保了职业教育的顺利发展和质量的提升。

二、美国职业教育质量评价的体系

（一）中等职业教育质量评价体系

至2006年底，美国50个州和华盛顿哥伦比亚特区中共有31个州建立了州层次的中等职业教育标准体系，其他州或者正在建立过程中，或者已经有了地方标准。

州层次的质量标准主要包括通用标准和职业标准，以亚利桑那州职业标准为例，职业标准包括7个方面：设备、与工业界合作、师资、内容标准、与学术教育的融合、基于工作的学习情况、中高衔接情况。评价分为不达标、部分达标、达标和超额达标4个层次。

（二）中等层次以上职业教育质量评价体系

美国中等层次以上职业教育主要通过社区学院来实施，中等层次以上职业教育建立统一标准的州较少，学校往往有自己的标准，这些标准主要根据第三方认证要求来建立。中等层次以上职业教育质量评价主要包括两个方面：一是第三方认证机构对中等层次以上职业教育机构（社区学院和技术学院）的认证，属于外部评估；二是对社区学院学生学习结果的评估，属于内部评估。

1.第三方认证机构的标准体系

（1）美国社区学院的认证标准。

社区学院是美国高等职业教育的主要承担者。对社区学院进行认证的机构主要有3个，即西部院校协会下属的社区学院和初级学院委员会、新英格兰地区大中学校协会下属的职业技术院校委员会，以及职业院校认证委员会。社区学院的认证标准符合上述高等教育的认证标准，但每一个认证机构对这些标准又有自己的解释和补充。

①西部院校协会下属的社区学院和初级学院委员会，是美国唯一一个专门对美国社区学院进行质量认证的机构。其学校认证指标体系主要包括四大综合性标准和11项分类指标。四大综合性标准如下：一是机构的宗旨，即制订持续、系统、完整的计划，努力提高学生的学习效率；二是通过教学计划、学生服务、图书馆等服务措施共同努力促进学生学习成果的实现；三是人力、物力、技术以及财政等资源促进上述服务项目功能的实现和改善；四是强有力的领导的指导和支持。四大综合性标准共同致力于学校质量提高和改善。11项分类指标如下：以学生的学业成就为目标、具有表明此目标正在实现的证据、教学大纲、学生服务、图书馆、教师、设

施设备以及土地等其他固定资产、技术、财政支持、决策者及决策制定程序、董事会及行政组织。

②新英格兰地区大中学校协会下属的职业技术院校委员会的认证标准主要包括8个方面：办学目标、管理、财政、教师、学生服务项目、设备设施、图书馆和信息资源、出版物。

③职业院校认证委员会的认证标准包括7个方面：管理和行政、对家庭和远程教育项目的要求、教育管理和教师资格、招生和宣传、招生政策和做法、学生服务、学生学业成就。

（2）认证指标体系的特点。

第一，以质量保证和质量改进为基本出发点。保证学校或专业的办学质量并为改进质量服务，是美国教育认证制基本目的，也是认证指标体系设计和制定的基本指导思想与出发点。尽管不同的认证机构所制定的认证指标体系在具体内容和表述方式等方面存在差异，但在指导思想和本质上都表现出类似性。从保证质量的目的出发，上述3个高等职业教育认证机构的认证指标均包括4个方面：①有体现学校特色的办学宗旨、明确的办学目标，以及学生培养目标；②有与办学宗旨、目标及学生培养目标相适应的充足和必要的办学资源，包括资金、教学设备设施、教师队伍状况、课程计划、学生服务等；③有证据表明能够并正在实现的办学宗旨、目标及学生培养目标；④有证据表明学校有良好的发展趋势，能够保证持续实现办学宗旨、目标及学生培养目标，在可预见的未来持续保证教学质量。从质量改进的目的出发，认证指标体系注意调动认证客体参与认证的积极性，首先通过自我评估，发现存在的长处和短处。“通过认证”只是表明了学校质量的可接受水平，改进之处来自对长处的发扬和对短处的补救。

第二，具有灵活性和适应性特点。美国十分注重高等职业院校的个性化发展，对此制定了鼓励性政策，每一所学校都可以根据自己所处的地理位置、办学条件及服务领域等情况恰当定位，确定适合自身的办学宗旨和培养计划。由于各个学校的办学目标、任务不尽相同，因此，无论它们是否处于同一区域或同类学科，都很难建立一套统一的标准来适应所有的学校或专业。因此，美国的认证标准具有灵活性和适应性特点。认证指标体系重视根据不同学校的办学目标对学校的质量进行评价。指标体系不规定单一的评价学校的最好办法，也不统一质量评价公式，而是根据被认证学校的具体情况而确定适当的评价方式。标准注重的是功能和结果而不是方法和过程。例如，西部院校协会不会期待中北部的一所小教会学校和芝加哥大学实行同样的学术标准；新英格兰地区大中学校协会也不会期待一所区域性州立学院和麻省理工学院具有同样的功能。只要它们都能实现自己所确立的适当的办学目标，小教会学校和州立学院也可以像芝加哥大学和麻省理工学院一样为它们的“客户”提供好的服务。但灵活性和适应性并不随意化，美国认证指标体系所确立的基本质量标准是普遍的，其要求是明确的。

第三，坚持以学生为本。在所有的认证指标体系中，学生的利益和需求被放到很高甚至最高的位置。一方面，各认证机构的认证标准明确要求将学生作为学校或专业的首要服务对象，学生对学校或专业所提供的服务满意度是通过认证的重要标准。认证标准体系在课程安排、资源配置（包括教师、教学设备设施、图书馆和信息资源等）、学生服务（包括招生、学生就业和住宿条件等）诸多方面都有明确、具体的规定。另一方面，重视对学生学业成就的评价，强调学业成就评价对学生学习的帮助和促进作用是美国认证指标体系的重要特点之一。例如，西部院校协会下属的社区学院和初级学院委员会特别重视学生在认证过程中所起的作用，希望学生对专业设置、课程、学生服务、学习环境的意见能够体现在自评报告中。学生也是自评组织中的组成人员，专家小组也要专门安排与学生座谈。

2.社区学院评价框架

随着社区学院的发展及其学生多样性的增强，人们越来越要求通过评价数据证明社区学院的有效性。学院认证机构提出了各种评价要求，但南部学院和学校协会的《认证原则：质量提升的基础》强调了通过评价数据证明教育项目有效性的重要性，“学院对教育项目及其性质和教育支持服务确定了预期的结果；评价其是否取得这些结果；根据对这些结果的分析提供改进的证据”。

开发社区学院评价框架的目的在于通过界定评价词汇，概括评价实施过程，建立如何使用评价数据的方法等来弥补评价信息之间的鸿沟。社区学院层次的评价有多种目的：确保学生为大学或下一步的课程做好准备；为学生提供专业证明；确保课程、项目实现所提出的目标；确保学校为学生提供一流的学习环境。

在社区学院评价框架中，首先，确定了评价的原则和方法，每一种原则对应具体的评价方法。其次，确定了社区学院的利益相关者，内部利益相关者包括学生、教师、管理者、董事、工作人员；外部利益相关者包括认证委员会、家长、社区、其他学院、商业部门。所有这些利益相关者不仅需要而且有权利获得有效的指标。最后，根据评价原则（以学习为中心）和利益相关者的范围，确定了以学生学习为中心的学院评价指标。传统的测量机构的有效性措施包括毕业率、保留率和就业情况，职业院校认证委员会将指标扩大为质量、价值、学生服务的利用、行政结构的优势、学院基础设施的稳固性等。目前的评价框架在以学习为中心的原则基础上增加了更基本的内容：

学生的学习和看法（如满意度）。学生是学院的核心，他们的看法和学习质量对于任何学院的成功而言都是最根本的。

三、美国职业教育质量评价的工具与方法

综观近年来美国职业教育评价，主要采取以下评价方法：测验、调查、绩效评价、基于结果的评价、基于能力的评价、真实性评价、档案袋评价、在线评价等。随着评价工作的日益深入，职业教育评价不再仅局限于一种方法，其总体趋势是综合采用多种评价方法。美国全国职业教育评价（NAVE）认为，从各种被调查者（政策制定者、学校管理者、雇主、教师和学生）中收集多层次（课堂、学校、学区、州）的数据非常重要。各种数据收集方法或数据来源主要包括：①半结构式访谈。对州、学区、学校层次的管理者和政策制定者、雇主进行访谈，检验各种政策及其实施情况。②教师调查。主要包括两类教师：提前选定的教师和同一学校的其他教师。调查内容包括教师的背景、教师发展情况、课程和教学实践等。③课堂观察。观察是收集教学实践信息的最好方法。观察者除做记录外，还需要对部分环节进行摄录。④教师活动日志。在选定的时间段收集（通过封闭式或开放式主题）具体课程的信息，包括教师的目标、学生活动、课程内容和教学行为。与课程相关的教师评价、测验或作业也用来衡量质量。⑤学生成绩单和调查。⑥学生工作。⑦学生记录。⑧文档。现有的文档，如州课程框架、课程大纲、工业技能标准或政策文件。这里重点介绍测验和社区学院学生参与度调查两种方法。

（一）测验

职业教育项目使用书面测验、简答测验和绩效评价等多种方法，其中简答测验方法使用相对较少，更多使用绩效评价方法。书面测验的答案格式通

常都是匹配或多项选择。许多书面测验使用州或测验提供商集中开发的工具，或这些工具的地方改编版。这些工具大部分都包含书面和实际表现两部分，但书面部分通常占主导。在地方层次，教师也会使用他们自己开发的书面测验。

在职业教育中3个最著名的测验组织是美国职业技术协会、全国职业能力测验中心和美国高校测验。

（二）社区学院学生参与度调查

调查方法是职业教育质量评价使用的主要方法之一。调查者通过设计一系列问题引出有关学习效果、学习环境、教学内容等方面的看法，从而对学生的学习结果或教学质量作出评价。例如，对课程或教师进行评价、对学生服务或满意度进行调查等。社区学院学生参与度调查是美国社区学院评价采用的主要方法。

社区学院一直以注重教学而著称。为了对理事会、州和联邦政府、认证机构以及公众的期望作出有效反应，社区学院设计了适合其独特使命和学生多样化特点的评估工具——社区学院学生参与度调查（CCSSE）。CCSSE是社区学院学生参与中心开发的一项产品和服务，有助于学校集中进行良好的教育实践，并确定在哪些领域可以改进学校的项目和对学生的服务。CCSSE主要在春季对大部分老生进行调查，了解一些学校实践以及与学生学习密切相关的学生行为，重点考查在校学生的学习经历。

除上述方法外，档案袋评价也成为质量评价的常用方法。档案袋评价是指系统收集长期积累的工作成果，包括评价分数、工作中的人工产品、学生的期刊文章或笔记等。例如，课程档案袋、学院档案袋、学生档案袋、杂志等。这种评价方法包括形成性评价和总结性评价两种形式。

第五节 国际职业教育评价带来的启示

高职院校必须意识到，不断强化自身的主体意识，发挥和调动学校自主性与主观能动性，构建自我评价机制，逐步完善学校内部质量保证体系，才能提高教育质量。通过了解德国、英国、澳大利亚和美国职业教育的质量评价体系及其内容，我们要明确以发展的视角、完善的法律和制度的视角、第三方机构评价的视角、以学习为中心的视角、综合化评价工具和方法的视角来建立职业教育质量评价体系，我们应该明确划分各级政府、社会力量、职业院校在职业教育评价中的职责，建立以学生为中心、趋近于政策目标、渐进的评价标准体系。

一、职业教育质量评价的国际比较

（一）职业教育质量评价体系关注发展变化

德国、英国、澳大利亚和美国等发达国家职业教育质量评价的发展路径与各国职业教育体系的发展密不可分，并决定于各国职业教育体系自身的特点。

1.德国职业教育评价的变化

企业在德国职业教育的发展中具有举足轻重的地位，学校职业教育是企业职业培训的有益补充。这种“双元制”职业教育体系植根于德国的文化传统、企业对职业教育的认同，以及政府对企业参与职业教育的约束与支持。因此，德国职业教育质量评价在发展路径上随着企业质量观的演变在不同阶段呈现出不同特点。职业教育质量评价最初沿用企业质量管理的国际标准

ISO9000，随着企业质量观从专家导向转为顾客导向、从结果优化转为过程优化、从关注外部质量保证转为关注内部质量评价，职业教育的质量评价也由对输入的评价转向对实施效果的输出评价，同时坚持外部评价与内部评价的结合。

2.英国职业教育评价的变化

英国职业教育质量评价的发展是随着教育督导机构的不断完善，相应经历了形成期、完善期和改革期3个阶段。督导机构由以往强调监督、评价和实施的功能，逐渐转向激励、指导和服务的功能，并赋予学校更多的责任，强调学校自我发展、自我评价与改进，强调督导的问责和参与的广泛性。英国职业教育评价标准也开始注重发展性，强调在实践中不断完善。

3.澳大利亚职业教育评价的变化

澳大利亚职业教育质量评价是在经济和人口变化的背景下发展起来的。20世纪80年代中期，澳大利亚经济发展相对落后，特别是其工业发展在国际市场缺乏竞争力，澳大利亚进行了全面的职业教育改革，突出了行业在职业教育与培训中的主导地位，形成了以国家培训框架（NTF）为依托、以澳大利亚质量培训框架（AQTF）中的多层级标准为评价标准的一套完整的职业教育质量评价体系，通过质量评价、国家战略行业审计、注册培训机构考核等评价形式对各州开展的职业教育与培训进行了更好的质量把关，确保了澳大利亚职业教育学校与机构提供更优质的职业教育与培训。

4.美国职业教育评价的变化

美国采取的是以学校为主的职业教育体系，职业教育质量评价主要是对中等和中等层次以上教育机构及其职业教育项目进行评价，职业教育质量评价的重点在不同时期与职业教育的发展目标保持一致，经历了从注重“投入”到注重“结果”再到强调“绩效标准”的发展过程。

（二）完善的法律制度是职业教育质量评价的保证

1.德国相关职业教育法律制度

德国的职业教育质量评价有完善的法律体系作保障。1871年宪法将职业教育定为义务教育。20世纪50年代以来，德国颁布了一系列法令来促进职业教育的发展，如《职业教育法》《职业促进法》《实践训练师资规格条例》等。这些法令为健全职业教育体系、促进职业教育良性发展奠定了良好的基础。随着对职业教育质量要求的提高，各州纷纷修改职业教育相关法律，将职业教育的质量评价纳入法律体系。在德国16个州的学校法中，均有关于职业教育的内容及质量评价的具体条款。

2.英国相关职业教育法律制度

英国先后通过了《巴特勒教育法》《1988年教育改革法》《1992年继续教育与高等教育法》《1996年学校督导法案》《1998年学校标准与框架法》《2005年教育法》等，并根据相关法律修订了《共同督导框架》，同时出台了《2012年继续教育与技能通用督导框架》，更突出了督导评价的动态性与发展性。由此可见，虽然英国未对职业教育专门立法，但在督导评价制度发展的各个阶段都以法律的形式进行规定，使得包含在中等教育和继续教育中的职业教育得到了法律的保障。

3.美国相关职业教育法律制度

在发展职业教育方面，各国均有比较完备的法律法规作为保障。例如，美国先后通过《莫雷尔法案》《史密斯-休斯法》《职业教育法》《卡尔·帕金斯职业教育法案》《卡尔·帕金斯生涯与技术教育法案》等一系列法律法规，对职业教育的结果提出了问责要求，并通过法律对各州职业教育提出了评价的具体要求，要求各州建立职业教育评价系统，制定州层次的最低标准等。在立法的基础上，联邦和州政府制定了不同时期职业教育质量评价的相关政策和制度，如联邦层次的财政拨款政策和质量调查报告、州层次的质量评价系统和评估标准等。

（三）第三方机构是职业教育质量评价体系的重要主体

充分发挥第三方机构在评价中的协调和沟通作用是各国职业教育质量评价的共同特征。由于第三方中介机构吸收了政府、企业、学校等各种利益相关者的代表，并且不受政府的直接控制，是一种非政府民间组织，从而保证了质量评价的客观和公正。例如，德国16个州均建立了第三方中介机构，负责质量标准的制定和评价工作的具体运行，从而避免了政府对评价的直接干预和控制。在美国，以第三方机构为主体的社会力量也在职业教育质量评价中发挥着沟通和协调作用。这些第三方机构不仅进行全国或州层次的标准研究与开发，而且与政府和高校共同作为评价的主体参与具体的评价工作，甚至在教学计划和课程标准的制定中发挥重要作用。第三方机构的引入，既克服了政府评价的官僚性和强制性，又克服了学校自身的盲目性和随意性，因此受到重视，并成为国际职业教育质量评价的重要主体之一。

（四）以学习为中心的评价标准是职业教育质量评价的核心

各国在中等和中等层次以上职业教育中分别建立了较为系统、完善的标准体系，这些标准体系在主要维度上一般满足全国或州的统一要求，在具体指标上各学区或学校又具有相对灵活性。从评价标准的内容来看，越来越强调以学习者的学习结果为中心进行评价，评价标准从早期注重基本投入到如今注重内涵发展。英国在制定职业教育质量评价标准时以学习者的发展和学习结果为核心，遵循学习者利益最大化原则，设计了“教与学和评价过程”的评价标准，注重学习过程对教育质量的影响。美国2006年通过的《卡尔·帕金斯生涯与技术教育法案》进一步强调了基于标准的质量评价，不仅对各州提出了建立标准体系的要求，而且对课程和课堂教学提出了标准要求。同时，美国职业教育的质量评价标准坚持学术性与职业性相融合的原则，各州既有统一要求，又赋予各个学校很大的灵活性，使评价标准既符合联邦和州的要求，又因校而异，富有特色。

（五）多元化、综合化的评价工具和方法是职业教育质量评价的关键

从国际上来看，各国职业教育质量评价采用的主要方法是调查法，包括学校调查、教师调查、学生满意度调查等。此外，各国逐渐认识到单纯使用调查法的局限性，开始采用多元方法对职业教育质量进行评价，如问卷调查、测验、访谈结构化观察、文本分析、档案袋评价等。由于单一的评价方法已经不能满足当前各国职业教育质量评价的需要，因此，各国大都综合使用上述多种评价方法。就外部评价而言，主要采用大规模调查方法，如美国进行的全国性职业教育质量调查、社区学院学生参与度调查。就内部评价而言，则采用多种方法，如学校内部学习结果测量、在线评价、档案袋评价等。总体而言，各种评价工具和方法的使用因评价的具体形式和评价对象而定。

二、国际职业教育质量评价带来的启示

我国职业教育的快速发展对国民经济发展中人力资源的需求具有较大支撑作用，职业教育评价体系也日益健全。了解德国、英国、澳大利亚和美国的职业教育质量评价体系，对进一步完善我国职业教育质量评价体系有一定的启示作用。

从各国职业教育质量评价体系的构建来看，依据职业教育体系自身特点，围绕“中央与地方”“市场与政府”“内部与外部”三对核心关系，理顺政府、行业、企业、职业院校在职业教育质量体系中的权利和责任，成为职业教育质量评价体系构建的共性特征。各国职业教育质量评价体系三对核心

关系如图4-5所示。

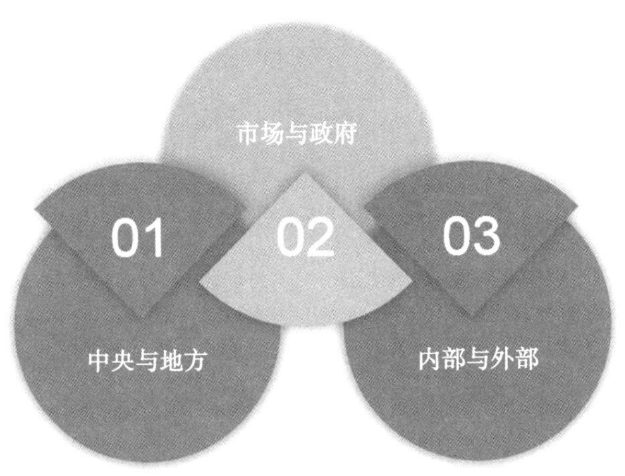

图4-5 各国职业教育质量评价体系三对核心关系

（一）各级政府的职责

作为教育质量的重要部分，职业教育质量受到各级政府的广泛关注。在职业教育质量评价体系的构建过程中，各级政府的职责和相互关系是其中重要的内容。各国依据职业教育管理体制的自身特点，在职业教育质量评价体系中合理定位各级政府的职责和关系，使各级政府权责明确，各司其职，保证职业教育质量评价体系的有效运转。

以美国为例，联邦政府负责宏观引导，主要通过立法和拨款来影响各州的职业教育质量评价，如对各州职业教育提出最低标准要求，并依据标准执行情况和职业教育的测评结果给予财政支持。州政府发挥着主导作用，负责全州职业教育评价的总体规划、核心指标的确定，为其提供指导方针，并进行项目认证，这些都是职业教育质量评价的核心内容。地方政府则负责区域内职业教育的评价计划、评价工作的组织管理和具体实施，并根据州政府的要求对本区域职业教育的课程标准、教师教学情况、学习结果等进行评价。

三级政府的权责明确，而且评价的管理权集中在州政府和地方政府，确保其自主权的充分发挥。这种评价管理模式与美国三权分立的政治体制是一脉相承的，使美国职业教育质量评价既有总体的一致性，又体现出各地多样性的特点。

德国16个联邦州在联邦职业教育法律的宏观指引下建立第三方中介机构。第三方中介机构均独立于政府，在教育质量标准的制定、评价方式的选择以及评价结果的公布等方面具有很大的自主权，不受政府的直接干预和控制。各州政府只制定质量框架，并通过立法强制所有学校参与质量评价活动。

近年来，我国职业教育取得突破性进展，中等职业教育和高等职业教育分别占到高中阶段教育和高等教育总规模的半壁江山。随着规模的不断扩大，职业教育在一定程度上出现质量问题，其本身所具有的地方性的属性，以及我国职业教育的“分级管理、地方统筹”的管理体制，决定了中央政府与地方政府，尤其是地方政府在我国职业教育质量评价体系中的职责尤为重要。

（二）社会力量的职责

职业教育的实践属性决定了职业教育质量评价不仅需要政府和学校的有效参与，还有行业、企业等社会力量的积极参与。在美国的职业教育质量评估体系中，无论是评价委员会的组成还是标准的制定，都有工商企业人员、雇主的参与，他们不仅在促进美国职业教育发展、使其更好地满足劳动力市场要求方面发挥着重要作用，而且在职业教育质量评价中也充当着重要角色。此外，各种协会组织在制定评价标准、开发评价系统和评价项目方面均发挥着重要作用。这些协会组织一方面制约着政府和学校的行为，在两者之间形成了有利的缓冲带；另一方面对职业教育的办学质量、评价标准、人才培养规格等提出了符合劳动力市场的客观要求。

德国职业教育质量评价的顺利实施与社会各界人士的积极参与密不可

分，吸纳了政府官员、学校校长、企业界人士等职业教育不同利益相关者的代表，尤其在质量评价过程中充分发挥了学校督导的作用。无论是前期职业学校的遴选阶段，还是后期评价报告提交后的反馈环节，学校督导促进了学校与评价团队之间的沟通，确保了质量评价工作的公平性、公正性及有效性。

近年来，我国职业教育在规模和速度上都获得了前所未有的发展，产教融合、校企合作逐步深入，但是社会力量在职业教育质量评价体系中的作用发挥得不明显。我国职业质量评价缺乏成熟规范的第三方评价机构，行业企业等社会力量缺乏有效参与职业教育的渠道和平台，这不仅导致了行业企业用人标准与职业教育人才培养过程对接的困难，也使职业教育质量的评价难以脱离政府行政力量的控制，而保持相对的独立性和专业性。为此，我们要充分发挥社会力量，形成有效协调与制衡机制，确保质量评价的公正性和科学性。

（三）职业院校的职责

职业院校的有效参与是职业教育质量评价体系的重要基础。德国十分重视采取多种途径充分调动和提高职业院校参与外部质量评价的积极性与主动性。在评价前期，职业院校可以自主提出参与质量评价的申请，并通过与评价小组的反复商榷来确定评价小组成员；在评价过程中，所有有关职业院校的数据均直接来源于自我质量评价，充分体现出对学校的信任，也在一定程度上激发了学校参与评价的积极性；通过对收集的信息和数据进行评价，在形成共识的前提下，评价团队成员在1个月内对该学校质量指标进行详细说明，共同负责撰写内容翔实的评价报告并提交学校董事会。高质量的评价报告对职业院校的可持续发展具有重要的指导作用，这也是吸引职业院校积极参与评价的重要原因之一。

目前，我国职业教育的质量评价除了外部评价，也在积极开展职业院校自我质量评价，非自愿的接受评价会在一定程度上出现故意遮掩存在的问题、美化数据等一系列有悖评价初衷的行为。随着职业教育办学自主权的不断扩大，在对职业教育进行评价时，要充分激发职业院校参与评价的动力，建立政府、社会、学校兼有的多元评价机制。这就需要理顺政府、社会和学校三者之间的关系，明确中央政府和地方政府的权力和责任，赋予地方政府和学校更多自主权。中央政府确定最低标准或核心指标，其他内容则由地方政府与学校确定。

三、建立评价导向明确的评价体系

评价导向明确的评价体系如图4-6所示。

图4-6　评价导向明确的评价体系

（一）坚持以学生为中心

教育的终极目的是育人，无论是普通教育还是职业教育，都应将学生的全面发展作为首要目标，因此，职业教育质量评价的首要指标应是学生的全面发展，以学生作为中心，这是与普通教育质量评价一致的地方。同时，作为一种跨界的教育类型，还要突出职业教育自身的特征，在评价导向上将学生的就业能力作为主要方向，即培养的学生是否符合社会需要，是否能够在社会上获得合适的岗位，并能够在岗位上可持续发展。

英国职业教育质量评价标准突出了“以学生为中心”的宗旨，以促进学习者的发展与成果的取得为核心，遵循学习者利益最大化原则，根据“评价教育与培训提供者满足学习者需求的效用和效率”的总体目标设计了“教与学和评价过程”的评价标准，深入评价教学过程的运行、教学设计的理念以及促进教学效果的教学环境等，强调学习过程对衡量教育质量的重要作用。“学习者的成果”也是质量评价的一项重要指标。

对我国而言，职业教育评价应进一步深化“以学生为中心”这一目标，学生是教育质量提高的直接受益者，对教育机构的办学状况具有切身体验，学习者的观点和意见是评价主要证据来源，质量内外部评价都十分关注学生的需求和利益，特别关注对学习成果产生重大影响的方面，对教学的评价应更为细致，不断提高教与学评价的标准。同时，教学不仅在于知识的传授，还要求职业院校的学生不仅掌握必要的专业技能，还要有良好的职业道德、自主学习能力和创新能力，这样才能培养出高质量、高收入、符合社会需要的技能型人才。

（二）强调与政策目标一致

美国职业教育质量评价是在联邦职业教育立法的指导下进行的，其评价重点始终与联邦职业教育政策目标保持一致。当联邦政策的目标以促进职业教育初步发展为主时，质量评价以基础设施和师资条件等基本建设投入为主；随着职业教育的扩大与改进，联邦以扩大接受职业教育者和促进职业教育公平为主要目标，此时的质量评价从投入导向过渡到注重职业教育的结果；当职业教育的规模发展到一定程度后，绩效标准和指标体系等成为职业教育质量评价的核心。这一标准导向的质量评价更为关注的是：学生是否掌握了必要技能，是否接受了必要的专业教育和职业教育，是否能够升入更高一级的职业教育机构。这些问题也是联邦职业教育立法和政策涉及的主要问题。

随着我国职业教育的持续发展，政策目标也发生了变化，因此，职业教育质量评价的重点需要同政策目标保持一致，使评价真正发挥“以评促改、以评促建、评建结合、重在建设”的目的。

（三）建立渐进的评价标准体系

职业教育质量评价中最重要的问题是以怎样的标尺来衡量教育的质量。澳大利亚职业教育与培训的质量评价标准（AQTF）对注册培训机构（RTO）从初始注册到持续注册提出了不同的条件和标准，并对RTO达到更高水平的要求提出了相应的优秀标准，不仅为RTO继续提高办学质量提供了依据和方向，同时为各州和地方的RTO提供了相互学习、借鉴及经验分享的机会。

对我国职业教育来说，建立渐进的评价标准体系，可以让职业院校在这样大环境下不只满足于现状，还要必须通过不断努力来达到新的水平。也正是这样的举措，才会使评价真正地促使学校的教育质量不断提升。

第五章
高职院校专业质量保证体系建设的完善

专业诊断与改进是专业自身建设发展和提升核心竞争力的内在需要，是学校进行专业结构优化和资源配置的必然要求。专业诊断与改进有利于学校全面了解各专业在整个专业布局中的地位与作用，为师资队伍、实习实训条件建设提供参考。专业诊断与改进对标参照专业教学标准，聚焦专业规划的制订与实施，专业定位、课程设置是否准确与合理，教学条件对教学活动的满足度，教学活动开展的有效性，人才培养目标达成度，以及专业特色和亮点等人才培养的关键环节，寻找差距，不断改进，形成专业建设适应经济发展、产业升级和技术进步需要的动态调整机制，不断提升专业服务产业发展能力。

第一节 专业人才培养的调研分析

专业质量保证体系是建立在专业现实情况和对未来建设规划的基础上的，为进一步加快专业建设，全面提高人才培养质量，需要进行专业调研，通过单位走访、与毕业生座谈、与用人单位领导座谈等形式全面掌握就业情况。同时，认真听取用人单位对毕业生各方面能力的评价，了解毕业生与用人单位需求之间的差距，获取用人单位对该专业人才培养及教学工作的意见和建议。

一、毕业生调研

（一）毕业生对母校专业学习内容的满意度

了解学生在课堂上所学习的纯理论知识与实践环节的差距，是否能解决在实际工作中遇到的问题，学生对专业理论知识和实践技能的看法，以及实践技能培养的课时是增加还是减少，虚拟工作环境在课堂上的应用效果等等。

（二）毕业生对母校课堂教学的满意度

课堂教学的内容与实践的相关性，理论知识在实际工作中的作用，课堂教学模式是否能调动学生的积极性，老师授课形式是否吸引学生。

（三）毕业生对实践活动的满意度

实践活动设置是否合理，课堂模拟、实训是否能够贴近真实的工作环境，学校与证券公司、银行、保险公司等企业合作是否紧密，这些单位是否是学生首选的就业单位，是否送学生到这些单位实习实训。

（四）毕业生对母校学习环境的满意度

学生的到课率、迟到率、早退率及作业完成质量，学校实验实训条件建设是否能满足实验室建设，在校园内学生是否有足够的实践机会。

二、用人单位调研

（一）对毕业生专业知识与专业技能的评价

学生工作热情、出勤情况，严格遵守企业规章制度情况，专业知识是否扎实，是否学以致用，学习能力情况，人际关系和敬业精神情况等。学生是否能将理论知识和实践相结合，专业素养和团队合作情况等。

（二）在招聘毕业生时主要考量的因素

学生的专业品质至关重要，而学生持之以恒的努力态度更是重中之重。各行业，尤其是财经类行业竞争激烈，要想在职业环境中不断进取，就需要学生不断努力，做好每个岗位工作。要不断实践自己的专业知识，要及时补充、更新现有的专业知识。专业知识的掌握程度也是用人单位在招聘毕业生时考量的重要因素。这需要学生在校学习时注重夯实理论基础，认真对待每一门课程，踏踏实实地完成每门课程理论和实践的学习。

（三）认为学生培养中最需要加强的方面

各个行业几乎都受制于世界经济和国内的政治、经济，需要对毕业生就业有个预判。在专业课程培养中，应考虑用人单位根据自身工作岗位需求，对毕业生应该掌握的知识、能力和素养提出的明确要求。

（四）对专业人才培养工作的建议

用人单位对教学的意见和建议，尤其是课程开设和实践教学环节，以及对学生综合素养培养的相关要求。

第二节　专业人才培养定位的诊断与改进

一、专业定位的诊断与改进

准确的专业人才培养目标和规格定位是开展专业教育的前提，在技术技能人才培养目标下，人才培养规格主要体现在知识、能力和素养三个方面。这三个方面都要与社会需求紧密结合，除了传统产业发展需求之外，还应该及时反馈行业变化对人才培养的需求变化。在“互联网+”背景下，各个行业对人才的知识、能力和素养的要求发生了巨大变化。适应新技术、新模式、新业态对产业的影响、主动对接产业各职业岗位新业务对于准确定位人才培养规格来说是至关重要的。诊断应从产业人才需求调研开始，深入分析产业对人才的要求，细化毕业生跟踪调研指标和数据，进而得出结论。

专业定位诊断与改进路径可以通过相关企业在专业人才招聘网站上提出的专业人才需求，总结人才需求变化；可以与社会第三方机构合作，如与麦可思公司共同建立人才培养质量分析指标体系，对毕业生就业岗位、职业能力、职业发展和行业现状进行调研分析；可以依据各省教育评估行政机构对毕业1年和毕业3年的毕业生跟踪调查数据分析；可以组织教师深入行业企业调研，利用第一手调研数据进行分析；可以组织行业企业专家召开专业建设论证会进行确定。总之，做好人才培养规格的准确定位，是从源头做好人才培养的基础工作。

二、人才培养模式的诊断与改进

人才培养模式是指按照特定的培养目标和人才规格，构建相对稳定的课程体系、教学内容、管理制度和评估方式，开展人才培养过程的总和。通俗地讲，就是实现人才培养目标和规格的方法和手段。对职业教育而言，体现产教融合、校企合作、工学结合、知行合一是人才培养模式实施的内在要求。专业人才培养模式实施的内在要求如图5-1所示。

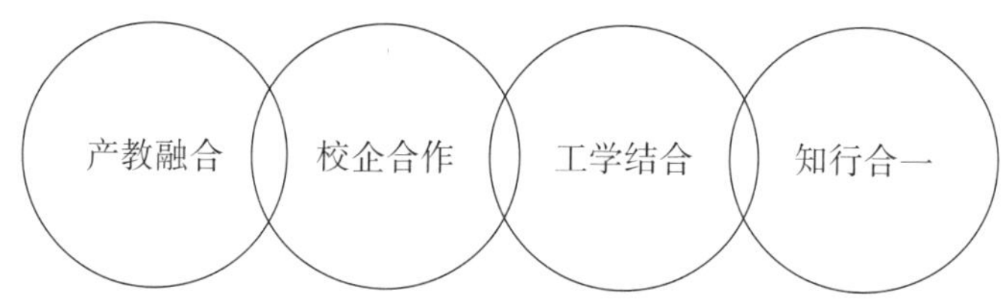

图5-1　专业人才培养模式实施的内在要求

人才培养模式诊断与改进的路径可以通过开展现代学徒制人才培养模式，实现招生与招工合一、学生与学徒合一、教师与师傅合一、教学过程与生产过程合一、学习评价与工作评价合一；可以实施订单式人才培养模式，采取先招生后招工，学校与企业共同制订人才培养方案、共同开展培养、毕业进入订单单位工作的方式；可以采取“引企驻校”“引校进企”开展生产性实习实训模式，吸引优势企业特定业务与学校共建共享生产性实训基地，如金融专业可以引进银行在校内建立不受空间限制的银行客户服务中心，学生实际参与客户服务中心的运营，工作与学习相结合进行人才培养；也可以进一步深化“引企入教”改革，鼓励和支持企业深度参与专业教学改革，以各种方式参与专业规划、教材开发、教学设计、课程设置、实习实训全过程，促进企业需求融入人才培养各环节。总之，深度的校企合作、工学结合是职业教育专业人才培养模式的基本特征。现代学徒制人才培养模式如图

5-2所示。

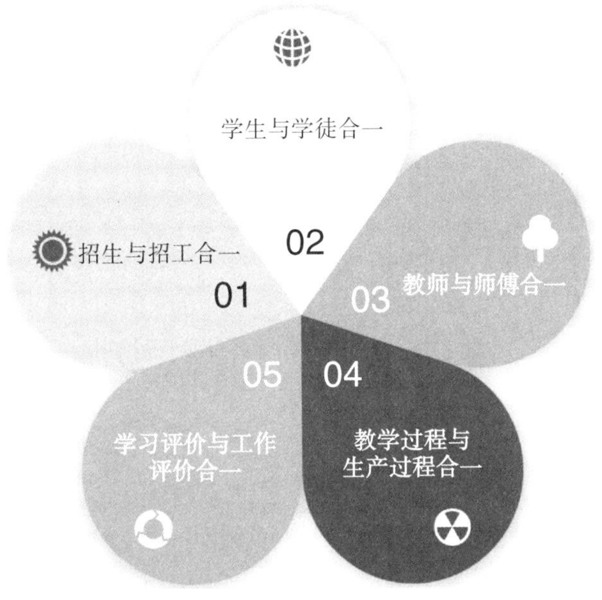

图5-2 现代学徒制人才培养模式

三、人才培养方案的诊断与改进

人才培养目标和培养规格的实现，以及人才培养模式的落地最终要通过人才培养方案的制订与实施。人才培养方案中课程体系是核心，科学有效的课程体系应关注学生的全面发展，素质教育、专业教育和创新创业教育并重。同时课程设置需要贴近职业岗位工作实际，课程内容与职业标准、行业标准相衔接，理论与实践比重适当。教学进程安排合理，教学评价和教学保证全面有效。

人才培养方案诊断与改进路径可以通过行业企业调研分析完成课程设置；可以通过毕业生跟踪调研，对课程体系中各门课程的重要性进行评价，划分核心课程与非核心课程；可以依据相关文件与要求确定公共基础课程的开设，以及课时的具体设计。依据人的认知规律和人才培养规律设计教学进程，以及工学结合的具体形式；可以依据教学保障配备的具体要求，建设师资队伍和实验实训条件；可以依据具体教学内容和形式确定教学评价与考核的方式。总之，人才培养方案的制订与实施是人才培养的关键环节，同样也是专业诊断与改进的核心内容。

第三节　专业培养过程的诊断与改进

一、教学活动有效性的诊断与改进

（一）教学活动有效体现

在教学活动中，应该突出学生的教学主体地位，提升学生学习的主动性，培养学生的学习习惯。为达到这一效果，需要精心进行教学设计，在学生学习兴趣的激发、理论和实践一体化的安排、教学过程的推进、教学内容的讲解、教学内容的巩固、教学评价的多元等内容上下功夫。教学设计的科学有效要依托教学手段和教学方法的恰当有效，并以丰富的教学资源作为支撑。

（二）实现教学活动有效的诊断与改进路径

教学活动的诊断与改进路径包括：通过学生座谈会、职业技能分项竞赛和综合竞赛，了解学生对学习内容的掌握情况，检验学生对职业技能的熟练程度；可以设计教学进度表、教学情况反馈表、实训教学情况反馈表等文档，了解教师教学工作开展情况；可以制定教师集体磨课制度、教研活动开展制度、教学课堂组织与管理制度等，通过期初、期中、期末教学检查来规范教学与管理工作，通过期初、期中、期末教学检查总结报告了解教学运行与管理；可以通过学生专业认识实习、跟岗实习和顶岗实习提交的相关资料，诊断专业实践的开展、效果，以及职业能力的培养；可以通过学生对课堂教学的评价来确定学生是否在教学活动中处于主体地位。

二、深层次校企合作的诊断与改进

（一）深层次校企合作的体现

校企合作是职业教育的基本办学模式，应该贯穿于专业教育全过程。校企合作建立工学结合专业人才培养模式，建设生产性实训基地，建设技术协同创新中心，建设企业专家牵头的技能大师工作室，建设职教集团等等。“引企入教”在专业设置、人才培养方案制订、专业改革、师资团队打造、教学资源建设与应用、人才培养质量评价各个方面深入合作，推进产教融合，实现校企协同育人。

（二）实现深层次校企合作的诊断与改进路径

校企合作诊断与改进的路径包括：查看是否建立工学结合人才培养模式，共同建设实习实训基地的数量；共同开发课程、教材的数量，共同研制人才培养方案的数量；共同组建订单班情况，建设校中厂和厂中校的数量，建设生产性实训基地的数量；在合作企业的就业率和就业情况，学生就业后的薪资情况，企业和毕业生对就业现状满意度，校企实践技能培养下职业技能对于工作岗位的支撑度。

三、职业技能提升的诊断与改进

（一）职业技能提升的表现

职业技能培养是职业教育专业培养的核心，职业技能的培养有行业标准，通常划分为省级标准和国家级标准，学校也可以制定校级标准，把标准进行细分，按照学习规律和训练达成的规律建立实践技能培养体系，制定不同年级或不同阶段职业技能标准，为学生提供一个切实可行的逐级晋升的职业技能标准（如金融专业的基本职业技能——点钞、五笔和小键盘录入），按照学生训练情况逐步提升，为学生制定不同阶段或不同年级的标准，相应建立专业职业技能培养体系，对接职业资格证书，教会学生掌握科学的训练方法，建设实训环境，提升职业技能培养效果。

（二）实现职业技能提升的诊断与改进路径

职业技能培养的诊断与改进路径包括：查看具体的职业技能教学体系，学生获取对应专业职业资格证书情况，教师参加职业技能大赛获奖情况，学生参加校内外职业技能竞赛获奖情况，企业对毕业生能力评价情况。

第四节　专业人才培养保证的诊断与改进

一、师资队伍建设的诊断与改进

（一）师资队伍建设的关键点

职业教育强调建设专兼结合的“双师型”师资队伍，一是建立校内外双专业带头人制度，选拔职称高、业务精、能力强的专业带头人是基本要求。专业带头人应具有较强的综合能力，能够有效整合与利用校内外一切资源，在专业和产业中具有一定的社会影响。双专业带头人熟悉产业发展趋势和行业动态，明确专业教学未来的改革方向，制订明确的专业和教学团队建设规划，有效地带领教师开展专业建设。二是建设教学团队，总体数量与学生规模相匹配，专任教师和兼职教师比例适当，教学团队教师的年龄、职称、学历、学缘结构合理。教师自身具有较强的“双师”素质和社会实践能力，教学团队具有较强的教学能力和实践能力，具备面向社会开展职业岗位技能培训、职业技能鉴定、社会服务的能力。教学团队的建设成效明显，发展目标明确。

（二）师资队伍建设的诊断与改进路径

师资队伍建设的诊断与改进路径包括：分析双专业带头人的职称、职务、教研、科研能力，在行业和协会中的社会兼职等数据；如果是校外专业带头人，是否为省内技能名师，带头人所在工作单位及其单位在行业中的地位和影响力等数据；教学团队的人员构成、行业背景、年龄、职称、学历、学缘结构等基本情况，专业师生比例。教学团队近三年的教学任务、教科研和社会服务，教师培训进修和到企业参加社会锻炼情况，开展的职业培训、技能鉴定等数据，教学团队的建设与发展规划。

二、实践教学条件建设的诊断与改进

（一）实践教学条件建设的关键点

实践教学条件是培养职业技能必备的教学环境，包括校内实训基地建设和校外实习基地建设。校内实训基地能够满足初级、中级和高级职业技能的训练项目需要，按照实训项目的分类，建设不同训练项目的实训基地，做到顶层设计、布局合理，实训室内工位数量充足、管理规范，实践类课程开出率高，实训室利用率高，配备专业实践需要的教学软件，实训室能够满足教学、科研和社会服务需求。校外实习基地建设成效显著，合作企业数量较多，提供实习岗位充足，学生到企业实习的比例高，实习管理规范，实习效果良好。

（二）实践教学条件建设的诊断与改进路径

实践教学条件建设的诊断与改进路径包括：从专业建设规划入手，分析实践环境的具体规划论证情况；实训室面积和数量，学生人数与不同工作岗位的工位数量比例关系，查看实训室使用记录，了解实训室的利用情况；查看实训项目的比例，了解实践教学内容完成情况，分析实践教学条件对专业教学的满足度。通过专业校外顶岗实习基地建设数量和接纳学生社会实践的规模，了解实习基地建设的情况。在新技术对专业的影响下，在实习实训基地建设规划中，分析未来实践教学条件对专业建设的保证程度。

三、教学资源建设的诊断与改进

（一）教学资源建设的关键点

校内外实训实习基地建设等硬件条件是专业教学改革的基础，教学资源建设属于软的教学改革保障条件，具备条件的院校应该建立专业教学资源库。教学资源库的建设是一项系统工程，对于专业人才培养、教研科研、技术服务、社会培训都具有重要的支撑作用。目前各个院校主要利用教育部支持建设的相关专业教学资源库资源进行专业教学，但是很多院校有自身的历史背景和专业特色，可以根据自身需要建设特色资源库，开发一批高质量、满足自身教学需要的特色资源，对课程建设具有较大支撑作用，并逐步形成持续开发应用机制。建立校级专业标准和课程标准，建立教材建设和选用制度，确定国家规划教材等高质量教材选用比例。在教材开发过程中，注重理实一体化，做到实践教学项目与工作实际结合度高、立体化配套资源保障程度高。

（二）教学资源建设的诊断与改进路径

教学资源建设的诊断与改进路径包括：通过了解专业教学资源建设内容

清单，对专业资源库平台教学资源的数量和质量进行分析。注重分析校级专业教学标准与国家专业教学标准的差异，了解专业主干课程数量，及其课程标准制定情况。通过学校教学平台查看教学资源建设情况，分析教学资源使用的活跃度，教师和学生登录次数、学习应用情况，分析教学信息化水平。分析选用教材的情况，包括国家规划教材的选用比例、省规划教材选用情况、教师自编教材的使用情况，自编教材中校企合作共同开发情况，实践教学项目与教材内容的契合程度等。

第五节　专业建设整体的诊断与改进

一、人才培养目标达成度的诊断与改进

（一）人才培养目标的关键点

高职教育以服务为宗旨、以就业为导向，专业人才培养目标是技术技能人才，培养目标达成度至少应该体现在学生和用人单位两个方面，即社会用人单位对毕业生的满意度，毕业生是否顺利走上工作岗位、薪资水平，毕业生对母校的满意度，以及由此而来的社会对学校相关专业的报考和录取分数等。

（二）人才培养目标的诊断与改进路径

人才培养目标的诊断与改进路径可以通过省教育评估院或第三方（如麦可思公司）调研数据进行分析。毕业生方面的数据有：毕业生就业率、专业相关度、毕业生对母校推荐度、校友服务满意度、校友回馈母校情况等。用人单位方面的数据有：学校订单人才培养规模、用人单位满意度、毕业生薪

资水平、5年内毕业生职务晋升、企业骨干担任兼职教师情况。招生方面的数据有：专业第一志愿报考率、录取率、录取分数、报到率等。

二、社会服务成效的诊断与改进

（一）社会服务成效监测关键点

社会服务是高等职业教育的重要功能，专业通常与区域经济发展的行业或产业相对应。社会服务包括：专业教师参与制定行业标准、专业标准，培训行业或产业在职员工，接受企业委托研究横向课题，参与行业企业技术研发、产品设计，为各级政府或部门提供决策支持等。

（二）社会服务成效的诊断与改进路径

社会服务成效的诊断与改进路径包括：分析专业教师开展社会培训人员的数量、人员的层次，为行业企业进行技术研发承接的横向课题数量和到账金额，与企业共同开展技术研发，申请专利的数量等。

三、专业特色的诊断与改进

专业特色是专业建设成效的重要标志，也是专业具有不可替代性的重要表现，主要体现在前面所讲的各项专业建设内容之中，与全国同类专业相比，哪些方面具有明显优势，彰显自身特色。

以浙江金融职业学院为例，金融服务与管理专业经过多年建设，特色鲜明、成效显著。在专业人才培养模式上采取订单式人才培养，从2006年开始，与金融机构开展的订单式人才培养逐步走向成熟与稳定，每年订单规模在1 000人左右，为浙江省万亿金融产业发展提供了有效人力支撑。校企共同制订人才培养方案。在专业人才培养过程中，师资队伍、实践教学条件、教学资源建设均由校企合作共同完成，适应了行业企业的需求，保证了教学活动的有效性、校企合作的深层次性和学生职业技能的迅速提升。学校“引行入校”，在校内建设浙商银行客户服务中心，学生在校期间可以处理真实银行业务，为金融服务与管理专业人才培养创造了先天优势。多年来金融服务与管理专业毕业生就业率一直在98%以上，学生连续6年获得全国大学生银行技能竞赛一等奖。专业相关度、毕业生对母校推荐度、校友服务满意度、校友回馈母校情况均居全国同类专业前列。目前已有5 000余位校友担任支行副行长以上职务，用人单位满意度、毕业生薪资水平、5年内毕业生职务晋升也位列前茅。多年来，每年为各金融机构培训在职员工均在3 000人次以上，社会服务成效明显，专业特色鲜明。

第六章
高职院校课程质量保证体系建设的完善

随着职业教育教学质量的不断提升及教学诊断与改进工作的落地，课程诊断与改进成为人才培养质量保证不可或缺的重要环节。建立健全课程诊断与改进体系，规划课程建设整体结构，从课程标准建设入手，围绕课程管理制度建设、改进教学方法和教学手段、建设丰富的教学资源等内容，深入研究课程的教学整体设计和教学单元设计，在此基础上进行教学模式改革和教学方法与手段改革，详细剖析了如何开展课程教学，如何组织高效的课堂教学，学生和教师在教学过程中的互动、训练和测试，落实课程教学工作中过程性考核与终结性考核的结合，实现教学质量的提升。

第一节　课程建设总体规划

为了切实推行教学诊断与改进，提高课程建设质量，实现优质教学资源共享，应从课程建设总体规划和课程标准入手，加快课程诊断与改进力度。

一、课程建设总体规划

以省级精品在线开放课程建设标准为参照，通过合理的教学内容安排、科学的教学方法应用、先进的教学手段使用来培养高素质的技术技能人才。深化课程改革，构建以任务为导向的项目化课程体系、以职业资格证书考试和职业技能等级证书考试及毕业生和用人单位反馈意见确定课程建设规划。不断改革教学方法和教学手段，推进教学资源库和自主学习网络平台建设，强化“双师双能型”师资队伍建设，提高课程质量和水平。

（一）加强课程管理制度建设

在课程建设领导小组的领导下，认真贯彻课程建设方案和一系列工作制度、奖惩制度，对课程建设实行目标管理。每学期初召开一次课程建设专题研讨会，采取定期与不定期相结合的方式检查督导工作措施落实情况。

（二）对接职业岗位标准，完善课程标准

应对新技术对行业的影响，对接行业标准的改变，不断完善课程标准建设，加强学生的职业道德建设、安全规范的教育。根据职业标准和职业能力培养岗位要求，不断整合课程内容。

（三）改进教学方法和教学手段

始终坚持“教、学、做”一体化的原则，改进教学方法与手段，推进线上线下混合式教学模式的应用，提高现场教学和实践教学比重，加强学生技能训练。

（四）建设丰富的教学资源

实现全部课程的教学课件的制作、录像课制作，以及相关数字化学习资源建设，建设足够的习题集、试题库等。在规划建设期内将完成涵盖教学标准、教学日历、课程指南、习题作业题、实验大纲、实训大纲、实验指导、学习评价方案等相关信息于一体的纸质、电子、网络资源系统，学生可以在网络上随时调阅学习。

（五）加强课程结构研究

构建项目教学基础上的项目化教学体系。在规划期内总体上达到省级精品在线开放课程的建设要求，实现高标准的课程管理手段。实现多媒体网站建设与资源共享，专人负责开放资源管理与更新，定期反馈课程网站使用状况。

二、课程标准的建设

要提高教育教学质量，课堂是主阵地，必须建立和完善课程标准。课程标准的建设需要长期、大量、细致、科学的工作。首先通过企业的调研、典型工作任务的解构，以及对职业岗位工作任务的分解，分析学生需要具备的职业岗位核心能力，构建课程体系，并依此进行课程设置。在教学指导委员会的持续研讨和对各届毕业生调研的基础上，对课程设置进行适时调整。

（一）课程标准建设应以就业为导向

课程标准应关注学生的职业生涯发展，首先，要考虑到就业市场的需求，及时跟踪市场需求的变化，主动适应区域、行业经济和社会发展的需要。课程设置对应职业岗位，就业方向要在课程体系中清晰体现。其次，课程内容的选取应以工作需要为导向，根据职业需要的知识、能力、技术等确定课程的性质和内容。统筹职业生涯发展与学生就业的需要，以专业技术学习为基础，兼顾就业需要的灵活性和学生的选择性来设置课程。

（二）注重工学结合人才培养模式的应用

推行与生产劳动和社会实践相结合的人才培养模式，以工学结合引导课程设置、教学内容和教学方法改革。重视实训和实习等关键环节，提高学生的实际动手能力。重视学生校内学习与实际工作的一致性。与企业建立密切伙伴关系，通过企业与社会需求紧密结合，加强实习实训，使课程标准落到实处。

（三）课程标准对接职业技能标准

借鉴各行业各职业的技能标准、相关的职业资格证书和职业技能等级证书标准，改革课程体系和教学内容，使学生在学业上能达到相关职业教育教学目标，在职业技能上能达到相关职业资格证书的标准，实现人才培养和社会需求的有效衔接。

（四）课程标准要反映市场和行业变化

注重课程标准的更新调整。高等职业教育课程与社会经济、政治、科技发展带来的劳动力市场变化即时相关，依赖性很强，为适应产业结构的变化，课程标准必须及时更新调整。

（五）建立体现职业能力为核心的课程考核标准

包括基本知识要求、基本素质要求、职业能力培养标准等。建立多样化课程考核评价方式，既考核学生所学的知识，也考核学生掌握的技能及学习态度，做到形成性评价与终结性评价相结合。

第二节　课程教学设计

为了切实推行课程建设，实现优质教学资源有效利用，进一步提高课程建设水平，应加大力度进行课程教学设计。

一、教学整体设计

整体教学就是把课程看成一个相对完善的学习整体，在明确的学习目标统领下，对一门课程的教学目标、教学内容、教学活动、预期效果及其考核评价等方面的整体筹划与安排。科学、合理、有效的教学设计，需要先进的教育教学理念作指导，更新教学观念，克服传统惯性思维的束缚，以培养技术技能型人才为核心，突出职业教育特性，以学生为中心，改革课程教学模式，调动学生的学习兴趣和内在动力，提高人才培养质量。

（一）以技术技能型人才培养为目标

培养技术技能型人才是高等职业教育的人才培养目标，是制定各专业人才培养目标的基本原则，课程教学目标是专业人才培养目标的组成部分，因此，它决定了课程教学整体设计应突出职业能力培养。基础课程应重在夯实文化基础，培养学生的人文素养和学习能力。专业基础课程应培养学生运用基本方法、基本技能分析和解决问题的能力。可以采取线上线下混合式教学模式，采用案例教学法、情境教学法引导学生学会运用知识。专业课应重在培养学生的专业技能和职业实践能力，按照教学内容对接职业标准、教学方式和生产过程的要求，设计为工学结合一体化教学课程，充分发挥产教融合作用，利用行业企业的优质资源共建课程、共建教材，同时利用网络辅助教学来加强学生职业技能的培养。

（二）以学生为中心

“以学生为中心”的教育教学理念是高等学校教学改革的指导思想，也是进行课程教学整体设计的指导思想。传统的课堂教学是教师讲、学生听，教师是课堂的主体。这种教学模式在“精英教育”时代，由于学生基础好、学风好，其弊端不太明显，进入“大众教育”后，由于学情的变化，其弊端越来越明显，无论是传授知识，或是训练技能，都无法达到预期的教学效果。因此，各高校对推行“以学生为中心”的教学范式变革已形成共识。“以学生为中心”的教育教学理念的核心是教师和学生角色的转变，学生是课堂的主体，教师是主导。教师的主导作用就像“导演”的作用一样，为学生设计一个个职业角色、设置一个个职业情境，然后让学生去“演戏”。

“以学生为中心”的理念在课程教学设计上的具体体现包括：一是要根据本专业学生的就业需求和职业发展确定课程教学目标，围绕课程目标选择教学内容；二是要围绕课程教学目标的达成改革教学方法、教学手段和考核方式，千方百计地激发学生对课程学习的兴趣和内在动力；三是要为学生提供丰富的优质课程资源和有效的课外学习指导服务，以满足拓展学习时空的需要。在课堂上，要用科学合理的情境调动学生，让学生主动、积极地参与教师精心设计和组织的教学活动；用多媒体技术增大教学容量，提高学生的学习效率和学习效果。在课堂外，要用丰富的优质资源和信息技术调动学生主动地通过多元学习渠道获取知识，指导学生做好必要的课前准备，并让学生养成自主学习的良好习惯，适应继续学习的需求。

（三）以职业能力需求为导向

职业教育具有“以就业为导向”的基本特征，高等职业教育要突出职业教育特色，也应具有这一特征。因此，一门课程（尤其是专业课）究竟要实现哪些教学目标，必须以学生所学专业相应职业领域当前的职业活动需求为主要依据，而不能以课程教科书和教师的经验作为主要依据。教师在进行课程教学整体构思和设计之前，应深入相应的职业领域，对其职业活动进行全程跟踪和考察，真实、全面地掌握职业活动的实际状况。同时，结合课程性质及其在专业课程体系中的地位和作用，结合学生所学专业和学习基础的实际，认真做好职业能力需求分析和论证。这样才能从根本上解决学非所用、课程教学与职业实际相脱节等问题。在具体实施时，如果专业团队组织了制（修）订专业人才培养方案前的专业调研，摸清了专业所对应的岗位（群）的职业能力与素养需求，则其调研分析报告也可以作为课程调研分析的重要依据，但不能将教科书作为职业能力需求分析的依据，教科书只能作为一种教学参考资料。专业课程的课程教学整体构思与设计要紧紧围绕该专业的职业能力需求来进行，围绕如何实现本专业的职业能力目标来确定课程的教学目标、选择课程的主要教学内容和设计课程教学活动。知识目标既要服从和服务于能力目标，也要根据学生自我提升和未来发展的需要进行必要的拓展。

（四）以职业能力训练项目为驱动，以职业活动为训练素材

高等职业教育要突出职业教育特色，必须按照“教学内容与职业标准对接、教学方式与生产过程对接”的要求改革课程教学模式，尤其是专业课，应以职业能力训练项目为驱动，以职业活动为训练素材。这里所说的职业能力训练项目是指为实现课程职业能力目标，根据职业能力训练的需要，由学生在课程教学中完成的，与职业活动有直接关系的，具有明确而具体的工作目标、工作内容、实施过程、检验标准、可展示成果的任务或课题。如会计基础与实务课的“编制某企业年度报表”等。值得注意的

是，以职业能力训练为驱动应是主要依靠系统的职业能力训练项目作为平台、载体和课程成绩评价依据，来激发学生的学习兴趣和动力，促使学生主动参与职业能力训练，而不应是一些零散的课堂问答、作业等。训练素材是根据职业能力训练项目的需要，在项目训练中所使用的情境、工具和资料（材料）。比如说，要训练学生完成一个“根据设定参数编程并加工某个零件”的项目，就需要提供编程机房、编程软件、图纸、数控厂房及数控机床、刀具、钢材等，这就是完成该项目所需的素材。职业活动是指学生所学专业对应的职业岗位（群）的实际工作内容。如计算机类岗位的软件安装与使用、软件开发、硬件安装与维修等；机械制造类岗位的数控编程、机床操作、制图等。以职业活动为训练素材讲究的是“真刀真枪”的干，使项目训练在情境、工具、资料（材料）等方面与职业实际具有一致性或仿真性。

以职业能力训练项目为驱动、以职业活动为训练素材，是突出职业能力培养，使教学内容贴近职业岗位实际，做到学用结合并激发学生学习兴趣和内在动力的关键环节，这对于实现职业能力目标是十分重要而有效的。职业能力训练项目规定的工作任务、职业情境和检验标准，不仅有利于学生专业技能的培养，而且有利于职业素养的养成，使学生在项目训练中通过职业角色的学习和扮演，实现学习与工作的渗透，积累工作经历和经验，具备一定的社会能力。

（五）“教、学、做”一体化设计

“教、学、做”一体化设计，是高等职业教育突出职业能力培养、提高课程教学效果和效率所必需的。所谓“教、学、做”一体化设计是指教师的讲授与学生的练习、应知应会等在课堂教学中相互交融，相互之间在时间、场所、对象等方面不割裂、不分离。比如说，不能将一门课程分为理论讲授部分和实验实训部分，先讲完理论部分再做实训，这会造成时间上的割裂和分离；不能理论讲授是一个地点，而操作训练却是另一个地点，这会造成场所上的割裂和分离；不能知识讲授是一个教师，而实操指导是另一个教师，这会造成施教对象的割裂和分离。事实证明，这些割裂和分离会对学生职业能力培养的效果和效率带来负面影响。如理论讲授与实验实训割裂分离，讲理论时学生光听不练，待到实训时原来听到的知识已忘得差不多了，或者学生不知道所讲的理论有何用，当时压根就没听，重讲一遍不仅浪费时间且效率低下，甚至还有可能完不成教学任务；不重讲一遍，实操训练难以进行，效果差，也完不成教学任务。“教、学、做”一体化设计，首先应考虑的是“做”，即要学生“做”什么、怎么“做”、通过“做”训练哪种职业能力。教师的教、学生的学、理论知识的传授都应围绕“做”来选择和安排。“教、学、做”一体化设计的统一体就是能力训练项目，教师的教、学生的学、理论知识的传授都应有机地融合在训练项目中，让学生在“做”项目的过程中形成和提高职业能力，并水到渠成地认知和积累理论知识，形成相应的知识体系。

（六）充分运用现代信息与教育技术

教学范式的变革及对传统课程进行改造，离不开现代信息和教育技术，只有运用现代信息与教育技术，才能使学习过程具有交互性、共享性、开放性、协作性和自主性，使课程具有时代特征。对一门课程进行整体构思与设计时，必须针对课程特点充分考虑现代信息与教育技术在各环节中的运用，为学生设计并提供足够的网络学习资源，如网络学习指导、微课视频（含参考视频）、多媒体课件、基本知识库（概念库、原理库、方法库）、试题库等资源，以及在线测试、在线答疑互动平台。合理利用这些资源和平台，既能增大课堂教学的容量，提高教学效率，又能使教学方法多样化，提高教学效果；还能将课堂向课外延伸，通过翻转课堂，为“教、学、做”一体化施教做好课前准备，并弥补课堂上“做”所占用的时间，同时培养学生的自主学习能力。

（七）充分发挥形成性考核的作用

学科型课程教学模式及评价标准是以学科知识体系和逻辑为导向的，对学生课程学习成绩的考核评价是将知识目标摆在首位，重卷面考试、轻实际操作，重终结性考核（期末考试）、轻平时评价。这种考核方式对学生学习行为的导向是“死记硬背”或“纸上谈兵”，后果是对学生是否真正具有了胜任职业岗位、完成职业任务所需要的职业能力无法予以客观评价和验证。这样的考核观念和考核方式，不仅不能激发、调动学生的学习动力和修正学生的学习行为，而且会产生一种不良现象：一些学生平时学习不努力，经常逃课、抄别人的作业，一学期下来，教科书还崭新如初，考试前挑灯夜战、死记硬背，却一样能安然过关，正所谓“考前一星期，胜过一学期”。

课程教学整体设计必须纠正上述弊端，要重视“成果导向”的形成性考核方案的设计，使课程考核成为激发学生学习兴趣、调动学生学习积极性、修正学生学习行为和学习动机迁移的有效“杠杆”。形成性考核是指学生课程成绩的考核以平时职业能力训练项目的完成情况和学习过程中的主观表现考核为主，并引入能力证据，构建一个符合课程特点的、综合的、开放性的考核体系。学生职业能力的提高和知识体系的构成，不是一蹴而就的，需要循序渐进、日积月累地养成，有其客观的由量变到质变的过程，而这非常需要平时经常性的鞭策和激励。平时的职业能力训练项目有环环相扣、层层递进的关系，往往前一环节是后一环节的基础，任一环节出现问题都可能导致整个职业能力体系出现缺憾。因此，高等职业教育专业课程考核方案的设计特别要注重平时训练项目完成情况和学习过程的考核，每个训练项目的学习成果都应是考核点，学生在课程学习过程中的学习态度、到课率、组织带动能力、团队精神、创新意识等都是过程考核的重要内容，这是学生行为和素质养成的重要方面。

二、教学单元设计

教学单元设计采用更为精细化的课程设计模式，将传统课程教学中复习旧知、新课引入、新知讲解、课堂评价四个传统环节进一步细化为多个教学环节，每个环节配以充足的教学资源，以测试、自主学习、讨论学习、闯关习题、学生投票等形式组织课堂教学，平台对学生出勤、自主学习、测试成绩分布等数据实时监控。同时，教师能够在平台上查询学生课堂学习的实时日志、每一个教学环节的活动进程、各个模块的成绩统计、学生对课程满意度评价等统计及分布图。指导教师实时调整教学策略，帮助学生随时了解自己课堂吸收情况，进而为课程评价提供技术保障和数据支撑。教学单元设计见表6-1。

三、教学模式改革

（一）引入翻转课堂，开展线上线下相结合的教学模式

为了提高课堂教学的效率，提高学生学习的积极性和主动性，在课程教学中应引入翻转课堂，通过线上线下混合式教学模式，把传统课堂教学优势和网络在线学习的优势相结合，发挥“以学生为中心、以知识为中心”的模式，促进学生主动学习、积极学习、合作学习、探究学习，从而培养和提高学生的自学能力、创新精神和实践能力。

表6-1　　教学单元设计

步骤	主要内容	学生活动	教师活动	数据监测手段
复习旧课5分钟	复习本课用到的知识点	学生以手机为终端登录课程平台，完成单项选择题、多项选择题、判断题、识图题等交互式习题，平台自动评分	教师实时检查学生练习情况，选取错误率高的练习题集中讲解，根据学生答题情况个别辅导基础较差的学生	实时分析反馈： 1. 各练习题的答题正确率 2. 各学生练习题答题成绩，分析基础知识掌握情况 3. 汇总整体掌握较差知识点
新课导入5分钟	领取学习任务	学生利用手机访问平台，获取学习任务，明确本节课学习目标，分组上传内容	教师巡视指导，并根据上传工作进度有针对性地进行讲解。选取合理的图片进行展示激励	实时分析反馈： 1. 每组学生操作进度 2. 对比展示各组操作图片
新课讲授70分钟	学习学案，熟记标准	学生利用手机登录平台，看学案，学习并完成在线测试	教师从平台监控学生学习时长，做题频次、正确率，了解学生掌握情况，并进行分组辅导	实时分析反馈： 1. 各练习题的答题正确率 2. 统计学生在线学习时长 3. 展示学生登录次数
	观看教学动画，进行分解技能实操练习	学生利用手机登录平台，观看教学动画，学习操作步骤	教师从平台监控学生学习时长及操作正确率，选取重点进行集中讲解	实时分析反馈： 1. 统计学生教学动画学习时长 2. 学生实操情况
	习题闯关，强化重点知识掌握	学生利用手机完成闯关习题	教师从平台监控学生做题时长、做题频次、正确率	实时分析反馈： 1. 题目的正确率 2. 对知识掌握一般、较好、较差的学生分布比例及名单
	分组完成全程任务技能训练	学生分组轮流完成技能训练，并在实操后上传照片。其他学生在线互评各组完成情况	教师在群聊中对学生进行过程纠偏。在线展示正确的示范和错误的做法	实时分析反馈： 1. 群聊中，学生提出的问题及教师在线即时回答 2. 实时展示分组练习的实况
课堂评价10分钟	小组投票评价展示	学生利用手机登录平台，进行投票，形成各组学生互评成绩	教师根据完成情况，选出操作质量最高的小组进行实操展示汇报，并进行分析讲解	实时分析反馈： 1. 汇总展示学生互评成绩 2. 汇总本课各环节情况，形成每位学生的课堂学习报告
	教师评价课堂小结	学生根据自己的课堂学习报告，检查自己本课学习情况	展示班级本课学习情况汇总表，对集中问题进行强化点评和课堂小结	实时分析反馈： 形成班级、学生、教师的课程状态数据分析

翻转课堂的教学理念对传统的教学过程产生较大冲击。学生在课前观看教师指定的与课堂教学相关的网络视频，通过线上学习，完成相应基础知识习题，进行有针对性的课前预习，理解和掌握学习的内容，更深层次的交流和疑问将在课堂上进行。在网络学习中教师起到引领者、促进者的作用，对学生的表现和提出的问题进行及时评价和反馈，从而促进教学进程，实现教学目标。学生的学习由被动变为主动，由线下变为线下线上相结合，有利于学生开展自主探究学习，从而培养了学生的自我管理能力、主动学习能力、合作学习能力和探索创新能力。在课堂上，学生带着疑问来学习。教师可以针对学生在网络学习过程中的疑问以及普遍存在的难以理解的问题进行讨论和解答，也可以针对热点问题开展专题讲解。学生参与讨论和互动，使知识得到内化和提升，学生能思考更深层次的问题，从而全面提高学生的素质和解决实际问题的能力。

（二）调整教学方式、内容，着力培养学生的实践操作能力

职业教育课程实践性极强，应当以与时代知识更新联系紧密的案例为基础，采用启发式和探究式教学方法，引导学生结合大数据案例积极探讨，注重掌握方法与技巧。重点培养学生解决实际问题的能力，提升学生课程实际应用水平，达到对逻辑思维和创新性思维的培养目标。在教学组织上调整教学内容，调整理论讲授与实践操作环节的比重，更偏重实践操作环节，理论部分重视数据分析处理的讲解，提升学生的数据分析能力。

（三）适时更新大数据特征的教学素材，掌握新的数据处理分析工具

大数据时代的数据信息具有海量、多类型、适时更新的特点，传统的数据整理、分析工具难以应对新时期数据信息的处理需求，需要让学生熟练掌握新的数据分析工具。在教学过程中，利用现代化、信息化的教学手段和教学工具，运用功能性更强的软件数据分析工具，有效提升数据整理、分析及

预测效率并提高预测评估的准确性。

（四）调整教学组织形式，设计科学的课程考核方案及培养目标

采用案例教学和分小组合作学习的互动式教学，充分调动学生参与实践教学环节的积极性，强化对学生实践能力的培养与考核。在教学过程中，实现理论与实践有机结合，使学生在不同的学习手段结合中，融会贯通，达到职业生涯发展规划课程的培养目标。调整课程考核方案及重新制定培养目标，统筹理论环节与实践环节，分模块对学生开展考核，及时接收学生的反馈意见，在后续教学中优化课程考核方案；以大数据时代背景下人才需求为导向，理清该课程教学方法和教学模式的改革思路，从教学内容、教学组织形式、课程考核评定方案等方面进行改进，制订新的课程培养方案及相关专业培养方案。

（五）提升授课教师的实践教学能力，有针对性地设计教学案例和教学内容

职业院校应当以行业企业的需求为关键点，与相关行业内具备领先优势的企业合作，组织专业教师到企业调研，深入企业一线，与企业专家共同探讨理论教学与实践教学的课时划分、内容设计、考核方案、培养目标等，充分利用数据分析企业需要的人才特征，并发挥教师专业技术优势帮助企业解决实际问题。邀请企业兼职教师深入课堂教学一线，共同探讨如何调动学生参与实践教学积极性，使学生培养达到企业需求，实现校企双赢。

四、教学方法与手段改革

课程的讲授方法可以采用案例教学法、情境教学法、任务驱动教学法等，教学方法应用除了与教学内容相匹配外，还应该考虑生源结构、学生特点、课程特色，要突出对学生实践应用能力的培养，充分发挥学生在学习中

的主体作用和教师的主导作用。基于岗位需求，通过小组合作、角色扮演、展示汇报等教学形式，将理论知识融入实践教学环节，激发学生学习动力，最大可能提高学生学习主动性，最大限度地实现真实业务处理，从而让学生更具职业性和创新性，具备更完善、系统的职业技能，推动其职业生涯可持续发展。

第三节　课程教学实施

职业教育课程教学力争做到“教、学、做”一体化，若要提升教学效果，保证教学设计和教学方法的有效实施是关键。

一、加强实训基地管理，保证教学顺利进行

目前很多学校关于实训室的管理规范多侧重于卫生、纪律等通识方面的条款，教师在教学过程中应根据实训基地特点，把教学中经常出现的一些不规范行为和注意事项总结出来，补充到实训基地管理规范中，以确保学生和设备的安全。如教学资料的准备和数量，金融服务与管理专业点钞券、传票、输入法资料准备，以及各项技能之间的相互衔接，有效控制了课堂教学秩序，充分利用了课堂教学时间。

二、加强学生的组织和管理，提高课堂效率

目前各学校实训室建设都很完善，教学中往往都对学生分组进行实训。学生分组无论是自愿的还是教师指定的，小组的人员和设备分配一旦确定，均要保持一个学期不变，组内学生共同完成学习任务、分工合作进行实训、

共享小组成绩。鼓励学生之间互换角色进行实训，从而保证每个人得到充分训练。可以让每组涌现的操作熟练的技能尖子作为小组的助教，负责指导和帮助其他学生，在一定程度上给予他们加分奖励。这样既提高了他们的表达、沟通和实训能力，也达到了因材施教、分层教学的目的。

三、在教学过程中对实训教学开展过程性评价

全面规范的评价和考核体系是教学实施的重要组成部分，可以起到以评促学的作用。职业教育课程适合采取过程性考核进行评价，由教师根据实训过程和实训结果打分，或者学生开展自评，优秀小组的每位学生的个人成绩可以采取浮动分数，其中个体浮动分数为教师评分和组长评分的平均值，教师评分和组长评分是根据学生在实训过程中的具体分工和表现优劣进行评定的。每次实训，根据学生完成实训的现场表现，参考评分标准，进行完整的评价，这些成绩用来构成过程性评价成绩。这种评价方式全面而及时，对于激发学生的实训热情，促进学生学习的积极性，保证实训教学的效果，具有重要作用。

附录

浙江金融职业学院金融服务与管理专业教学标准

一、专业名称（专业代码）

金融服务与管理（530201）。

二、入学要求

普通高级中学毕业、中等职业学校毕业或具备同等学力。

三、基本修业年限

三年。

四、职业面向

职业面向的相关内容见附表1。

附表1 职业面向的相关内容

所属专业大类（代码）	所属专业类（代码）	对应行业（代码）	主要职业类别（代码）	主要岗位群或技术领域举例	证书举例
财经商贸大类（53）	金融类（5302）	货币金融服务（66） 其他金融业（69）	银行综合柜员（4-05-01-01） 银行信贷员（4-05-01-02） 银行客户业务员（4-05-01-03） 银行信用卡业务员（4-05-01-04） 理财专业人员（2-07-11-04） 其他金融服务人员（4-05-99）	临柜业务处理 大堂经理 客户经理 电话客服 业务管理	证券业从业人员资格 期货从业人员资格

五、培养目标

本专业培养理想信念坚定、德技并修、全面发展，具有一定的科学文化水平，良好的职业道德、工匠精神和创新精神，具有较强的就业能力、一定的创业能力和支撑终身发展的能力；掌握金融机构一线业务处理与服务营销等专业知识和技术技能，面向各类商业银行等金融机构的银行综合柜员、银行信贷员、银行客户业务员、银行信用卡业务员、理财专业人员等职业群，从事临柜业务处理、大堂经理、客户经理、电话客服、业务管理等工作的高素质技术技能人才。

六、培养规格

本专业毕业生应在素质、知识和能力方面达到以下要求。

（一）素质

1.坚定拥护中国共产党领导，在习近平新时代中国特色社会主义思想指引下，践行社会主义核心价值观，具有深厚的爱国情感和中华民族自豪感；

2.崇尚宪法、遵法守纪、崇德向善、诚实守信、尊重生命、热爱劳动，履行道德准则和行为规范，具有社会责任感和社会参与意识；

3.具有质量意识、环保意识、安全意识、信息素养、工匠精神、创新思维和金融风险管理意识；

4.具有自我管理能力、职业生涯规划的意识，有较强的集体意识和团队合作精神；

5.具有健康的体魄、心理和健全的人格，掌握基本运动知识和一两项运动技能，养成良好的健身与卫生习惯，良好的行为习惯；

6.具有一定的审美和人文素养，能够形成一两项艺术特长或爱好。

（二）知识

1.掌握必备的思想政治理论、科学文化基础知识和中华优秀传统文化知识；

2.熟悉与本专业相关的法律法规以及环境保护、安全消防等相关知识；

3.掌握经济金融相关基础理论知识；

4.掌握银行各项柜面业务处理核算要求与操作流程；

5.掌握银行授信业务的基本知识、业务要求与操作流程；

6.掌握银行理财业务基本规范与操作规程；

7.掌握金融服务礼仪的基本规范与金融营销的基本策略与技巧；

8.熟悉银行风险管理相关业务规范与处理方法；

9.熟悉现代金融业的新知识、新技术、新方法、新应用。

（三）能力

1.具有探究学习、终身学习、分析问题和解决问题的能力；

2.具有良好的语言、文字表达能力和沟通能力；

3.掌握金融从业人员各项礼仪规范，能根据金融业务工作的需要，展示规范礼仪服务过程；

4.能准确快速进行手工点钞与机器点钞，准确鉴别假币及现金挑残，能熟练进行数字键盘的传票录入，能熟练使用形码输入法录入信息；

5.能进行银行重要凭证、印章的盘点与入库，能准确进行利息计算；

6.能准确规范处理各类业务凭证的编制、审核、记账与账目核对，能熟练规范进行银行网点存款、贷款、结算、代理等各类临柜业务的客户接待、业务引导与业务处理；

7.能正确填写与贷款相关的各种合同、凭证，规范撰写授信业务调查报告，针对不同的有问题的贷款提出相应的处置措施；

8.能开拓和维护客户，具有较好的银行产品营销能力；

9.掌握个人理财业务的专业技能，能制订理财方案，具有理财产品销售技巧及客户服务能力；

10.具有本专业需要的信息技术应用能力，能熟练使用软件进行数据处理，能对信息资料进行综合分析与应用，能够运用现代信息技术检索资料，进行金融业务风险的基本分析识别与防范。

七、课程设置及学时安排

（一）课程设置

课程包括公共基础课程和专业课程。

1.公共基础课程

根据党和国家有关文件规定，将思想政治理论、中华优秀传统文化、体育、军事理论与军训、大学生职业发展与就业指导、心理健康教育等列入公共基础必修课，并可将党史国史、大学语文、高等数学、公共外语、信息技术、创新创业教育、健康教育、美育、职业素养等列入必修课或选修课。

学校根据实际情况可开设具有本校特色的校本课程。

2.专业课程

一般包括专业基础课程、专业核心课程、专业拓展课程，并涵盖有关实践性教学环节。学校自主确定课程名称，但应包括以下主要教学内容：

（1）专业基础课程

一般设置6~8门课程。主要教学内容应包括经济学基础、管理学基础、保险学基础、证券投资基础、金融学基础、互联网金融基础、会计学基础、银行职业技能等。

（2）专业核心课程

一般设置6~8门课程，主要教学内容应包括金融服务营销、金融服务礼仪、银行会计实务、商业银行综合柜台业务、商业银行授信业务、个人理财等。

（3）专业拓展课程

主要包括国际金融理论与实务、银行产品、银行风险管理、银行网点管理、国际结算操作、银行柜面英语、小微金融、金融数据统计分析、信托与租赁、期货、基金、公司理财、中国金融文化等。

3. 专业核心课程和主要教学内容

专业核心课程和主要教学内容见附表2。

附表2　　专业核心课程和主要教学内容

序号	专业核心课程	主要教学内容
1	金融服务营销	金融服务及评价；金融营销包括网络营销准备；金融营销包括网络营销能力；金融营销与网络营销技巧；金融客户维护与培育；金融消费者管理；金融客户资产管理；金融客户关系管理；金融客户风险管理
2	金融服务礼仪	商业银行服务礼仪的本质和基本要求；互联网金融下的商业银行职业人的服务意识与礼仪修养；商业银行服务人员的仪表礼仪、仪态礼仪、语言礼仪；商业银行柜员服务礼仪；金融行业网络服务过程中的礼仪规范；会议与宴请服务礼仪；电话服务礼仪；接待服务礼仪
3	银行会计实务	银行会计基本核算方法处理；单位存款业务相关知识与操作规程；单位授信业务相关知识与操作规程；支付结算业务相关知识与操作规程；资金清算和金融机构往来业务相关知识与操作规程；年终决算准备和决算日工作相关知识与操作规范；银行会计业务综合操作
4	商业银行综合柜台业务	银行柜员基本职业能力素质培养；个人存款业务相关知识与操作规程；个人贷款业务相关知识与操作规程；个人结算业务相关知识与操作规程；个人外汇业务相关知识与操作规程；个人代理业务相关知识与操作规程；柜面突发事件处理；电子银行业务规范；金融综合业务技能操作
5	商业银行授信业务	商业银行授信业务基本规章制度；不同授信业务品种的操作流程和风险控制点；客户的信用分析相关知识与操作规程；担保贷款相关知识与操作规程；贷款风险分类管理相关知识与操作规程；非贷款类授信业务相关知识与操作规程；网络贷款的基本知识与操作流程；与授信业务相关的各种法律文件、凭证的填写；调查报告的撰写
6	个人理财	潜在客户和客户关系管理；家庭资产、负债的分类及整理；银行理财产品的特性；风险的识别、估测和评价，各种保险产品和保险产品组合；股票、债券、基金及其投资的特点，证券投资的技巧；黄金理财产品、房地产投资、收藏品投资的特点和主要产品；理财规划方案及其后续服务

4.实践性教学环节

主要包括实训、实习、毕业设计、社会实践等。实训可在校内实训室、校内培训基地等完成；社会实践、顶岗实习、跟岗实习可由学校组织在校企合作共建的金融机构实习基地完成。实习实训教学主要包括：金融从业人员服务礼仪仿真实训、银行会计对公业务操作实训、银行客户营销技巧训练、个人理财方案规划设计、银行柜面个人业务综合训练等校内实训；进入金融企业对职业岗位的认知实习、在各商业银行等金融机构开展的临柜业务、大堂经理、客户经理等岗位的跟岗实习、顶岗实习。要严格执行《职业学校学生实习管理规定》有关要求。实训实习既是实践性教学，也是专业课教学的重要内容，应注重理论与实践一体化教学。

5.相关要求

学校应结合实际，开设社会责任、安全教育、绿色环保、管理等人文素养、科学素养方面的选修课程、拓展课程或专题讲座（活动），并将有关内容融入专业课程教学中；将创新创业教育融入专业课程教学和有关实践性教学环节中；自主开设其他特色课程；组织开展德育活动、志愿服务活动和其他实践活动。

（二）学时安排

总学时一般为2 800学时，每16～18学时折算1学分。其中，公共基础课总学时一般不少于总学时的25%。实践性教学学时原则上不少于总学时的50%。其中，顶岗实习累计时间一般为6个月，可根据实际集中或分阶段安排实习时间。各类选修课程学时累计不少于总学时的10%。

八、教学基本条件

（一）师资队伍

1. 队伍结构

学生数与本专业专任教师数的比例不高于25：1，“双师型”素质教师占专业教师比一般不低于60%，专任教师队伍要考虑职称、年龄，形成合理的梯队结构。

2. 专任教师

具有高校教师资格和本专业职业资格或技能等级证书；有理想信念、有道德情操、有扎实学识、有仁爱之心；具有经济金融相关专业本科及以上学历，具有金融相关岗位工作经历或实践经历，熟悉金融业务；精通金融专业的基本理论与业务知识；具有较强信息化教学能力，能够开展课程教学改革和科学研究；每5年累计不少于6个月的企业实践经历。

3. 专业带头人

原则上应具有副高及以上职称，能够较好地把握国内外金融行业、专业发展，能广泛联系行业企业，了解行业企业对金融服务与管理专业人才的需求，教学设计、专业研究能力强，组织开展教科研工作能力强，在本区域或本领域具有一定的专业影响力。

4. 兼职教师

主要从金融企业聘任，具备良好的思想政治素质、职业道德和工匠精神，具有扎实的金融专业知识和丰富的实际工作经验，具有中级及以上行业相关专业技术资格，能承担课程与实训教学、实习指导等专业教学任务。

（二）教学设施

主要包括能够满足正常的课程教学、实习实训所需的专业教室、校内实训室和校外实训基地等。

1.专业教室的基本要求

一般配备黑（白）板、多媒体计算机、投影设备、音响设备，互联网接入或Wi-Fi环境，并具有网络安全防护措施。安装应急照明装置并保持良好状态，符合紧急疏散要求、标志明显、保持逃生通道畅通无阻。

2.校内实训室的基本要求

（1）金融职业技能实训室

配备服务器及网络设备、多媒体教学设备、白板、点钞机、复点机、假币鉴别设备、世界各国主要币种样品、计算器、点钞练习券、传票、字符、货币反假练习题与实训操作软件系统等，计算机（每人1台），支持点钞技术、传票输入、中文输入、反假货币技术等银行职业技能类课程项目教学与实训。

（2）银行综合柜台业务实训室

配备服务器及网络设备、多媒体教学设备、计算机（每人1台）、银行综合柜台业务操作软件系统、白板，配备密码器、刷卡器、扫描仪、指纹仪、利率牌、高柜、低柜、银行业务印章、银行业务凭证、凭证装订设备等银行网点职场环境工具和模拟物品，支持金融服务礼仪、银行会计核算、本外币储蓄、银行卡、对公对私结算与代理业务处理等课程项目的教学与实训。

（3）金融综合实训室

配备服务器及网络设备、多媒体教学设备、白板、计算机（每人1台）、商业银行信贷业务软件、理财业务软件等，支持银行授信业务、个人理财业务、客户营销与客户风险管理等课程项目的教学与实训。

3.校外实训基地的基本要求

具有稳定的校外实训基地。能够开展金融管理相关业务技能实训活动，实训设施齐备，实训岗位、实训指导教师确定，实训管理及实施规章制度齐全。

4.校外实习基地的基本要求

具有稳定的校外实习基地。能提供相关实习岗位，能涵盖当前金融产业发展的主流技术，可接纳一定规模的学生实习；能够配备相应数量的指导教师对学生实习进行指导和管理；有保证实习生日常工作、学习、生活的规章制度，有安全、保险保障。

5.支持信息化教学方面的基本要求

具有利用数字化教学资源库、文献资料、常见问题解答等的信息化条件。引导鼓励教师开发并利用信息化教学资源、教学平台，创新教学方法、提升教学效果。

（三）教学资源

主要包括能够满足学生专业学习、教师专业教学研究和教学实施需要的教材、图书及数字化资源等。

1.教材选用的基本要求

按照国家规定选用优质教材，禁止不合格的教材进入课堂。学校应建立由专业教师、行业专家和教研人员等参与的教材选用机构，完善教材选用制度，经过规范程序择优选用教材。

2.图书文献配备的基本要求

图书文献配备能满足人才培养、专业建设、教科研等工作的需要，方便师生查询、借阅。专业类图书文献主要包括：与金融专业教学相关的图书资料，以及有关金融行业企业发展的新制度、新法规、新业务、新产品、新做法的图书资料与电子杂志等。

3.数字资源配备的基本要求

建设、配备与本专业有关的音视频素材、教学课件、数字化教学案例库、虚拟仿真软件、数字教材等数字资源，种类丰富、形式多样、使用便捷、动态更新、满足教学。

九、质量保证

（一）学校和二级院系要建立专业建设和教学过程质量监控机制，健全专业教学质量监控管理制度，完善课堂教学、教学评价、实习实训、毕业设计，以及专业调研、人才培养方案更新、资源建设等方面的质量标准建设，通过教学实施、过程监控、质量评价和持续改进，达成人才培养规格。

（二）学校、二级院系及专业要完善教学管理机制，加强日常教学组织运行与管理，定期开展课程建设水平和教学质量诊断与改进，建立健全巡课、听课、评教、评学等制度，建立与企业联动的实践教学环节督导制度，严明教学纪律，强化教学组织功能，定期开展公开课、示范课等教研活动。

（三）学校要建立毕业生跟踪反馈机制及社会评价机制，并对生源情况、在校生学业水平、毕业生就业情况等进行分析，定期评价人才培养质量和培养目标达成情况。

（四）专业教研组织要充分利用评价分析结果有效改进专业教学，针对人才培养过程中存在的问题，进行诊断与改进，持续提高人才培养质量。

参考文献

［1］熊发涯．高等职业教育质量保证的顶层设计［J］．黄冈职业技术学院学报，2006（10）．

［2］唐振龙．财经本科专业应用型人才质量保证体系的构建［J］．武汉科技学院学报，2006（11）．

［3］杨瑛．英国高等教育质量保证体系研究［D］．北京：中央民族大学，2007（3）．

［4］吴伟容，郭兰英．会计学专业实践教学质量保证体系研究［J］．会计之友，2008（1）．

［5］彭庆武．高职工商管理专业教学质量保证体系构建［J］．职业技术教育，2009（5）．

［6］张淼，张凌云，李志峰．美国专业学位研究生培养质量保证体系研究［J］．武汉职业技术学院学报，2014（6）．

［7］王丰元．高等职业教育质量评价与保证体系研究［J］．齐齐哈尔师范高等专科学校学报，2015（3）．

［8］廖玮．质量保证体系在运行中存在的问题及对策［J］．经营管理者，2015（5）．

［9］宋立中．高职院校专业课教学质量的保障与监控体系［J］．教育观察，2015（8）．

［10］黄怡，滕跃民．高职教育外部质量保证体系建立思考［J］．中国集体经济，2015（10）．

［11］杨坪，孙雪青，吴民晖．高等教育教学质量保证体系建设现状［J］．教育教学论坛，2015（12）．

［12］Jürgen Tchorz，高芳祎．德国大学的质量保证体系［J］．化工高等教育，2016（5）．

［13］段悦兰．高职院校质量保证体系的分析与诊断：以黄冈职业技术学院为例［J］．黄冈职业技术学院学报，2016（6）．

［14］高红花．基于人才培养质量提升构建教学质量保证体系探索［J］．才智，2016（15）．

［15］姜荣．高职内部质量保证体系构建与诊断的思考［J］．科技视界，2016（27）．

［16］曹润平，殷黎丽．高职院校内部质量保证体系建设［J］．包头职业技术学院学报，2016（12）．

［17］姜敏凤，张路遥，王鑫芳．内涵建设背景下学校内部质量保证体系建设探索［J］．机械职业教育，2016（12）．

［18］熊发涯．高职院校落实诊改制度完善质量保证体系的思考［J］．黄冈职业技术学院学报，2016（6）．

［19］吴晋雯．高职院校内部教学质量保证体系的重构［J］．职教通讯，2017（2）．

［20］胡娜．高职院校质量保证体系：问题聚焦与对策分析［J］．中国远程教育，2017（5）．

［21］万德年．高职院校开展教学诊断与改进工作研究［J］．职教论坛，2017（16）．

［22］周志刚．职业教育质量评价体系研究［M］．北京：经济科学出版社，2018．

［23］丁才成，袁洪志，丁敬敏．高职院校课程诊断与改进工作内涵及运行机制设计［J］．职业技术教育，2018（35）．

［24］范蓉．课程教学工作诊断与改进模式探索［J］．天津职业院校联合学报，2018（2）．

［25］刘宁宁，王永丰，王淑芬，等．汽车市场营销与服务课程标准诊断与改进方案探讨［J］．职业技术，2019（5）．

［26］余燕．职业院校教学诊断与改进的研究［J］．教育教学论坛，2019（34）．